MANUEL

DU

JEUNE MARIN.

MANUEL

DU

JEUNE MARIN,

CONTENANT

L'Instruction raisonnée et démontrée des devoirs attachés à chacune des classes du Navigateur, pour la partie pratique du Grément des Vaisseaux du commerce, l'Arrimage, la Voilure, etc.; la Manœuvre des Bâtimens à voiles latines, le gissement des Bancs de Flandre, l'entrée des ports de Dunkerque et de Flessingue ; suivi de Remarques diverses et d'un Vocabulaire raisonné de termes de marine :

O U V R A G E utile aux Elèves de la Marine militaire et commerçante, ainsi qu'aux Négocians armateurs ;

Orné de 8 Planches dessinées par l'Auteur :

DÉDIÉ ET PRÉSENTÉ

A SON ALTESSE ROYALE, MONSIEUR, COMTE D'ARTOIS, FRÈRE DU ROI, LIEUTENANT GÉNÉRAL DU ROYAUME ;

PAR J. NOGUÉS, de Bayonne, Négociant, ancien Officier de Marine.

SE VEND A PARIS,

Chez
{
l'Auteur, rue du Bouloy, N°. 4 ;
BACHELIER, Libraire, quai des Grands-Augustins, N°. 55.
de LA TYNNA, Propriétaire-Rédacteur de l'Almanach du Commerce, rue J. J. Rousseau.

1814.

A

SON ALTESSE ROYALE,

MONSIEUR,

Fils de France, Frère du Roi, Comte d'Artois, Lieutenant général du Royaume.

MONSEIGNEUR,

Cet Ouvrage, destiné à former les Élèves de la Marine commerçante, ne pouvait espérer de paraître qu'à

a

l'époque heureuse de la paix des mers, c'est-à-dire, au retour de son Roi et de ses Princes légitimes. Cette époque étant arrivée, je m'empresse, MONSEIGNEUR, de le produire sous vos auspices protecteurs.

Le nom d'un PRINCE si auguste, attaché à cette faible production, suffit pour la faire voguer à pleines voiles sur l'océan orageux de la critique, de même qu'un vaisseau léger que pousse le vent alizé.

Vous voudrez bien, MONSEIGNEUR, pardonner à mon style ; mais mon éducation a été faite sur mer. Et si j'éprouve aujourd'hui le regret de ne pouvoir offrir à VOTRE ALTESSE ROYALE, un travail plus digne d'Elle, je la supplie de croire que je sens que j'ai un cœur pour l'aimer et des bras pour la servir.

Tout Marin français, MONSEIGNEUR, doit ses talens à l'État, lorsqu'ils peuvent lui être utiles, et ajouter un rayon de plus à sa gloire; permettez qu'à la faveur de votre bienveillance j'acquitte cette dette sacrée.

Le plus beau des Pavillons, le Pavillon des Lys flotte enfin sur les mers ! A sa vue, le cœur du vieux Marin éprouve de douces émotions; il se rappelle les jours de son antique gloire, et, dans l'ivresse de ces souvenirs de bonheur, il salue son retour par son cri d'allégresse, VIVENT LES BOURBONS ! VIVE LE ROI !

J'ai l'honneur d'être,

MONSEIGNEUR,

DE VOTRE ALTESSE ROYALE,

Le très-humble et très-fidèle serviteur,

J. NOGUÉS.

Paris, 15 Juillet 1814.

INTRODUCTION.

Cᴇᴛ Ouvrage, susceptible d'être fort augmenté par la suite, est écrit sans prétention.

En le faisant, je n'ai eu d'autre desir que celui de rendre mes leçons utiles, et instruire les jeunes gens destinés à l'état de Marin ; il leur importe de s'en munir, et qu'ils consacrent tous leurs momens de loisir à cette lecture.

Parmi le grand nombre de Marins qui scruteront ce Livre, il y en aura beaucoup qui trouveront que j'aurais dû lui donner plus de développement ; mais, avant d'y employer

a *

de plus longues veilles, je desire connaître l'accueil qui lui sera fait ; je recevrai, avec plaisir, les observations que les gens instruits voudront bien me faire.

J'ai navigué sous des capitaines qui jouissaient de la réputation bien méritée d'être d'excellens hommes de mer ; j'ai aussi par fois navigué sous de bien ineptes. Mais, en général, le Marin s'instruit avec tous ; il met à profit les belles manœuvres des premiers, et les bévues des derniers ; cela lui donne des moyens de comparaison : dans tous les tems, les fautes des autres nous ont donné de l'expérience.

Je ne fus pas plutôt en âge de raisonner marine, que je faisais des notes bonnes et mauvaises ; je les serrais soigneusement. Furetant sans cesse les cahiers de mes capitaines et ceux de mes officiers, je me faisais un volume de connaissances auxquelles souvent je ne comprenais rien; mais je ne désespérais pas de voir mon intelligence se développer avec le tems. Meublant ainsi ma mémoire, je passais pour un savant dans l'esprit de mes camarades; mais, dans le fond, je savais n'être qu'un petit *pirate*.

Lorsque mon jugement fut formé par l'expérience de la pratique, je comparai les idées des autres, avec celles que telles ou telles manœuvres faisaient naître; je tirais parti de celles qui me paraissaient les plus saines : certains capitaines, avec lesquels je me suis trouvé, n'ont pas dédaigné de copier quelques unes de mes notes.

Ce n'est donc pas une découverte nouvelle que je présente ici ; c'est un assemblage de diverses connaissances acquises, partie par l'étude, partie par l'expérience-pratique, et enfin de quelques extraits que j'ai cru nécessaires pour bien remplir mon objet.

J'ai pratiqué tout ce que je traite dans cet Ouvrage ; et cela se trouve d'ordinaire dans la tête de tout Marin intelligent. Mais si, au commencement de ma première campagne, j'avais eu un pareil guide, je n'eus point rapporté à la maison paternelle l'abondante provision de coups de garcette que je recueillis pendant le voyage (1).

J'ai tâché, en écrivant, de me rendre bien intelligible : on ne saurait trop

l'être lorsqu'il s'agit d'instruire, et sur-
tout d'instruire la classe de matelot.

Je n'ai rien négligé pour la gravure
des planches, dont j'ai moi-même fait
le dessin avec tout le soin que le corps
de cet Ouvrage a pu me permettre.

BON QUART.

❧❧❧·❧·❧

Jeunes Marins, appellés par devoir à la défense de la Patrie, ou choisis par elle pour faire briller sur les mers lointaines l'éclat de son pavillon, c'est par un travail continuel et un courage à l'épreuve des dangers, que vous pouvez avancer rapidement dans la carrière glorieuse des honneurs et des récompenses militaires.

Pour devenir hommes de mer, croyez qu'il ne vous faut apporter au plus noble des arts que l'instruction, la volonté de faire votre devoir, et un cœur inaccessible à la crainte des orages (2). Une seule épreuve suffira pour vous familiariser avec ce que les hommes pusillanimes redoutent le plus ; l'intrépidité dans les combats vous fera mépriser la mort ; avec le sang-froid et la prudence, vous saurez maîtriser les tempêtes.

Celui qui vous donne ces conseils, a, comme vous, été mousse. Livré à lui-même dès l'âge de 14 ans, il sut, par la docilité de son caractère, son intelligence et son travail, s'acquérir la bienveillance de ses chefs, qui se faisaient un plaisir de l'instruire ; et quoiqu'il ne fût encore que matelot à l'âge de 19 ans, il n'en obtint pas moins, à 22 ans, un commandement et le grade d'enseigne de vaisseau.

Il serait flatteur pour lui, si vous tiriez de ses leçons tout le parti que votre âge et la classe dans laquelle vous vous trouvez, vous permettront. Si, lorsqu'il débuta dans le monde marin, il avait eu un semblable *guide*, il n'aurait pas eu le déplaisir de mettre quelquefois, comme il l'a fait, sa *basse voile au vent*, pour subir, au moyen d'une garcette, l'inoculation de la science maritime ; et comme cette opération pourrait bien ne pas être de votre goût, BON QUART.

ERRATA.

Page 78, ligne 16, négligez *Vergue du petit Hunier*, 5, et les trois lignes qui suivent ; lisez-les après les trois premières lignes de la page 79.

LE MANUEL

DU

JEUNE MARIN.

> « Français, peuple vainqueur, achevez vos destins,
> « Etonnez l'Océan et voguez sur ses ondes. »
>
> Ess. Litt.

DE L'ÉTAT DU MARIN.

L'homme qui veut se distinguer dans la carrière maritime, doit prendre les connaissances solides de cet état, afin de pouvoir avantageusement en tirer parti dans les différentes situations où il peut se trouver; il ne doit point se borner à ce qu'on lui aura enseigné, il faut au contraire qu'il augmente la masse de ses connaissances pratiques ou théoriques, par des observations fréquentes et toujours approfondies.

Les talens, l'âge, la bonne conduite, voilà les moyens d'avancement; et rarement fait-on

A

bien son chemin dans cette carrière, si l'on ne porte dans le fond de son cœur le germe du courage.

Il y a plusieurs classes à suivre dans cet art : ce sont celles de *Mousse*, *Novice*, *Matelot*, *Officier-marinier de manœuvre*, *Maître-d'équipage*, *second Capitaine*, et enfin *Capitaine*. On ne parvient guères à ce dernier grade, qu'après avoir passé par tous les autres. (Je parle de la marine marchande, et notamment du grand cabotage.) C'est pourquoi, lorsque l'on est dans l'une de ces classes, il faut, pour parvenir, acquérir les connaissances nécessaires et relatives à celle immédiatement supérieure, jusqu'à ce qu'enfin on soit parvenu à celle de Capitaine.

Tous les ports, en général, n'observent point cet usage de passer ainsi par tous les grades ; on conviendra cependant que c'est celui qui forme les meilleurs marins.

Il faut donc que celui qui est destiné à monter un vaisseau quelconque, apprenne, avant tout, l'A, B, C, de la marine ; j'appelle ainsi le grément et la voilure des vaisseaux. Il étudiera ensuite la théorie de la manœuvre, qui est l'art de soumettre les voiles à l'impulsion du vent , par le moyen des cordages.

Pour que l'on puisse faire des observations nautiques, dans la haute mer, il faut que le vaisseau sur lequel on est ait parcouru une route plus ou moins longue ; mais pour se rendre raison comment on se trouve arrivé à ce point, ne convient-il pas que l'on aie déjà étudié le langage marin ? que l'on se soit familiarisé avec le nom de toutes les manœuvres qui ont concouru à opérer ce changement de lieu. L'homme qui, pour la première fois, apperçoit un vaisseau couvert de voiles faire ses évolutions, ne sait à quoi attribuer la cause qui le lui fait se présenter sous tant d'aspects différents ; la célérité d'exécution dans le jeu des voiles, l'étonne ; il est dans l'enchantement !... Faites-lui connaître, expliquez-lui bien les moyens dont on se sert pour faire mouvoir à volonté cette masse flottante, adieu tout le majestueux du prodige !

La science théorique du grément et de la voilure des vaisseaux de guerre, ou de commerce, est d'une nécessité absolue pour les jeunes marins. Le nom de toutes les manœuvres, la manière de les couper, le lieu où elles doivent être fixées, leur usage particulier, le nom de chaque voile, et tous les menus détails du pouliage, voilà en partie ce qui la compose, et ce qui ne s'oublie jamais, quand cela a été mis en pratique.

DU MOUSSE.

La plupart des marins célèbres qui ont illustré leur siècle et leur patrie, n'ont pas dédaigné de faire leur première campagne en qualité de mousse ; elle doit donc être l'ouverture de la carrière de tout navigateur.

On n'exige d'un jeune mousse que les connaissances suivantes : la boussole, le nom des mâts, vergues, voiles, cordages, et celui de tous les ustensiles du bord, afin qu'il puisse être en état d'agir dès qu'on le commandera. Son travail particulier est, le nettoyage de la chambre, celui des vaisselles, et fournir aux matelots ce dont ils ont besoin ; relever les manœuvres, balayer les ponts ; dans un combat, il porte les poudres pour le service des canons ; dans un appareillage il tient dessous.

CLASSE DE MOUSSE.

BOUSSOLE. *(Planche 1ère.)*

Nord. — Nord-quart-nord-est. — Nord-nord-est. — Nord-est-quart-nord. — Nord-est.

Nord-est-quart-est. — Est-nord-est. — Est-quart-nord-est. — Est.

Est-quart-sud-est. — Est-sud-est. — Sud-est-quart-est. — Sud-est.

Sud-est-quart-sud. — Sud-sud-est. — Sud-quart-sud-est. — Sud.

Sud-quart-sud-ouest. — Sud-sud-ouest. — Sud-ouest-quart-sud. — Sud-ouest.

Sud-ouest-quart-ouest. — Ouest-sud-ouest. — Ouest-quart-sud-ouest. — Ouest.

Ouest-quart-nord-ouest. — Ouest-nord-ouest. — Nord-ouest-quart-ouest. — Nord-ouest.

Nord-ouest-quart-nord. — Nord-nord-ouest. — Nord-quart-nord-ouest.

DES PRINCIPALES PARTIES DU VAISSEAU.

L'Arrière, à bord d'un vaisseau à trois mâts, est la partie A *(Planche 2)* comprise depuis le gouvernail jusqu'au mât d'artimon ; (à bord d'un brick elle est jusqu'au grand mât.)

L'Avant est la partie B, *(Planche 3)* depuis l'étrave jusques aux haubans de misaine les plus de l'arrière.

Le Gaillard d'arrière, est la distance comprise entre le mât d'artimon et le grand mât.

Passavants. On appelle passavants la distance tribord et babord, depuis le grand mât jusques aux haubans de misaine les plus arrière.

Le Gaillard d'avant, est la distance depuis le mât de misaine à l'étrave.

DE LA MATURE.

MAT D'ARTIMON. *(Planche 2.)*

Ce mât est celui qui est le plus arrière du vaisseau. Il est composé de trois parties ; c'est-à-dire, de son *bas mât* 1, de son mât de *perroquet de fougue* 2 , et d'un autre petit mât 3 , appellé *Mât de perruche.*

Vergues du Mât d'Artimon.

Les vergues de ce mât sont : *le Pic*, ou *la Corne* 4, *la Vergue sèche* 5 , *la Vergue de perroquet de fougue* 6, et *la Vergue de perruche* 7.

GRAND MAT. *(Planche 2.)*

Ce mât est placé un peu arrière du milieu du vaisseau ; il est composé de trois parties, c'est-à-dire, du *bas Mât* 8, de son *Mât de hune* 9 ; ce dernier mât se ente sur le premier, et prend la dénomination de *grand Mât de hune.* Sur ce dernier mât se ente le *Mât de perroquet* 10.

Vergues du grand Mât.

Les vergues de ce mât sont : la *grande Vergue* 11 , la *Vergue du grand hunier* 12 , et la *Vergue du grand-perroquet* 13.

MAT DE MISAINE. *(Planche 3).*

Ce mât, placé sur l'avant, se compose de trois parties, de même que le grand mât, savoir : de son *bas Mât* 1 , du *petit Mât de hune* 2 , et du *petit Mât de perroquet* 3.

Vergues de Misaine.

Les vergues de ce mât sont : la *Vergue de misaine* 4, la *Vergue du petit hunier* 5 , et la *Vergue du petit perroquet* 6.

MAT DE BEAUPRÉ. *(Planche 3.)*

Ce mât est incliné sur l'avant, et son in‑clinaison varie selon la forme du vaisseau.

Vergues du Beaupré.

Les vergues de ce mât sont, la *Civadière* 8, et le *Bâton de foc* 9, appellé aussi *Bou‑tehors*. Les haubans du bâton de foc passent dans une cosse placée de chaque côté de la vergue de civadière, et viennent aboutir sur l'avant.

DE LA VOILURE.

VOILURE D'ARTIMON.   *(Planche 4.)*

Les voiles carrées de ce mât sont, le *Perroquet de fougue*, *a*, et la *Perruche*, *b*.

Du Perroquet de fougue. Le perroquet de fougue a deux écoutes qui passent aux deux extrémités de la vergue sèche ; elles servent à le border, et tombent aux bittes du mât d'artimon. Ses cargues sont : deux cargues-points et deux cargues-fonds.

De la Perruche. Cette voile se cargue, et se borde de la même manière que toutes les voiles carrées.

Les boulines du perroquet de fougue viennent passer arrière et sur le bord de la grande hune. Ses bras et ceux de la vergue sèche passent dans des poulies de conduit fixées aux derniers grands haubans.

VOILURE DU GRAND MAT. *(Planche 4.)*

Les voiles de ce mât sont : *la grande Voile*, *c*, le *grand Hunier*, *d*, et le *grand Perroquet*, *e*.

De la grande Voile. Pour appareiller

cette voile, on en largue les cargues-points, les cargues-fonds, et les cargues-boulines, et on l'oriente suivant la direction du vent. Elle s'amure en-dehors du bord arrière des haubans de misaine. Sa bouline passe dans une galoche aux bittes de misaine, ou à ce même mât. Elle se borde arrière du mât d'artimon.

Du grand Hunier. Cette voile a deux écoutes qui passent aux deux extrémités de la grande vergue, et par le moyen desquelles on la borde ; elles viennent tomber toutes deux au pied du grand mât, en avant. Les cargues sont : deux cargues-points, deux cargues-fonds, et deux cargues-boulines.

Les deux cargues-points viennent tomber toutes deux tribord et babord le long du troisième hauban sur l'avant ; les deux cargues-fonds et les deux cargues-boulines tombent tribord et babord au pied du grand mât.

Les deux boulines viennent tomber toutes deux tribord et babord, sur le dernier hauban de l'arrière du mât de misaine.

Du grand Perroquet. Cette voile se borde sur les extrémités de la vergue du grand hunier ; ses deux écoutes se prolongent le long de cette vergue, et viennent tomber le long du troisième hauban de l'avant du grand mât. Cette voile a deux cargues-points, mais n'a qu'une cargue-fonds en patte-d'oie. Ses cargues-points viennent tomber à côté de ses écoutes; ses boulines vont tomber de l'avant à côté de celles du grand hunier.

VOILURE DU MAT DE MISAINE. *(Pl. 4.)*

Les voiles de ce mât sont : la *Misaine, f,* le *petit Hunier, g,* et le *petit Perroquet, h.*

De la Misaine. Cette voile se borde et s'amure des deux côtés du bâtiment, de même que la grande voile, et elle a par-conséquent deux écoutes et deux amures. Les amures servent à fixer un des points de cette voile en avant du côté du vent, et les écoutes servent à étendre la voile dans le sens de la longueur du bâtiment. Les amures restent toujours devant, et les écoutes viennent passer dans un rouet fixé dans le plat-bord en avant des porte-haubans du grand mât.

Les cargues de cette voile sont : deux cargues-points, deux cargues-fonds et deux cargues-boulines.

Les cargues points tombent le long de

chaque premier hauban de l'avant du mât de misaine ; les cargues fonds et les cargues boulines viennent tomber au pied de ce mât.

Les boulines viennent le long du mât de beaupré, et tombent sur l'avant.

Du petit Hunier et du petit Perroquet. Ces deux voiles se bordent et se carguent respectivement comme celles du grand hunier et du grand perroquet. Leurs boulines viennent tomber de l'avant en passant le long du beaupré.

VOILURE DU BEAUPRÉ. (*Planche* 4.)

La voile de *Civadière*, i, tombant perpendiculairement sous le beaupré, est sujette à recevoir les vagues et à plonger dans la mer ; pour faciliter l'écoulement de l'eau , on pratique à ses points d'écoute deux grandes ouvertures.

DE L'ARTIMON. (*Planche* 3.)

De l'Artimon, c. Cette voile est enverguée sur la corne, et ne s'amène point comme on fait pour les autres voiles. On la serre au moyen de ses cargues.

A bord d'un brick cette voile est repré-

sentée par la brigantine, qui a la même forme. Mais la brigantine se hisse par le moyen
de ses drisses de màt et de pic ; au bout de
ce pic il y a un halebas qui sert à diriger
cette voile contre l'effort du vent ; lorsqu'on
la hisse, un autre halebas est à la corne près
le màt ; il sert à carguer cette voile, et à l'a-
mener sur sa bomme, de concert avec celui
du pic, lorsqu'on en cargue les drisses.

VOILES D'ETAI.

Les voiles d'étai sont : la *Voile d'étai
d'artimon*, a, et le *Diablotin*, b (Planche 2.)

La *grande Voile d'étai* ou *Pouillouse*, a,
la *contre-Voile d'étai*, b, la *fausse Voile
d'étai*, c, appellée aussi *Marquise*, et la
Voile d'étai de perroquet, d (Planche 3.)

La drisse de la grande voile d'étai vient
tomber au pied du grand màt, son halebas
se trouve au pied du màt de misaine ; son
écoute se borde en avant du premier hauban
du grand màt.

La drisse de la contre-voile d'étai vient
tomber au dernier hauban de l'arrière du
grand màt, à tribord, et elle se borde
comme la pouillouse ; mais son amure

vient dans les haubans de misaine au vent.

La drisse de la fausse voile d'étai vient tomber, à babord, en arrière du dernier hauban du grand mât, et son halebas, comme celui de la contre-voile d'étai, est amarré au pied du mât de misaine en arrière.

La drisse de la voile d'étai de perroquet vient tomber, à tribord, le long d'un gal-hauban.

DES FOCS. *(Planche 3.)*

Ces voiles sont : le *petit Foc* ou *Tour-mentin*, e, et le *grand Foc*, f.

Le petit Foc est toujours amuré sur le mât de beaupré : sa drisse vient tomber, à babord, au pied du mât de misaine, et son écoute se borde en passant sur le plat-bord auprès du premier hauban de l'avant du mât de misaine ; son halebas vient le long du mât de beaupré, et tombe sur l'avant.

Le grand Foc s'amure sur un rocambeau qui glisse le long du boutehors par le moyen d'une amure qui passe sous le mât de beau-pré, et vient s'amarrer sur l'avant.

La drisse du grand foc tombe au pied du mât de misaine, à tribord ; son halebas vient comme celui du petit foc, et son écoute se borde aussi comme cette dernière voile.

OBSERVATIONS

Sur les Manœuvres courantes.

Les huniers et les perroquets ont chacun une drisse. Celles du perroquet de fougue, du grand hunier et du petit perroquet, tombent à tribord en arrière des haubans de leur mât. Celles de la perruche, du petit hunier et du grand perroquet, tombent à babord et aussi en arrière de leur mât.

Toute voile carrée se manœuvre par le secours des bras frappés aux extrémités de sa vergue.

Les bras de la grande vergue viennent faire dormant au terme, et passent dans des rouets placés près de cette partie.

Les bras du grand hunier viennent passer dans des poulies à pentoire sous la vergue sèche, et tombent le long du mât d'artimon.

Les bras du grand perroquet passent aussi dans des poulies au capelage du perroquet de fougue.

Les bras de misaine et du petit hunier

tombent au pied du grand mât, et les bras du petit perroquet sur le premier hauban de l'avant du grand mât, aussi tribord et babord.

(A bord d'un brick, les bras de la grande vergue , du grand hunier et du grand per- roquet, passent dans la même poulie que la bouline du grand hunier, c'est-à-dire , le long du premier hauban de l'arrière du mât de misaine.)

Les bras de la vergue de civadière passent sous la hune de misaine, et tombent le long du mât.

DU NOVICE.

Un Novice doit avoir, outre les qualités d'un bon mousse, certaines connaissances sur la manœuvre.

Il doit savoir ferler et déferler les voiles, prendre des ris, gréer et dégréer les perroquets, bien ramer et conduire un canot, gouverner le navire, faire du bitord, garcettes, rabans, sangles, épissures, nœuds et amarrages de toute espèce, fourrer, etc. Toutes ces choses sont faciles à apprendre ; quand on a du goût pour son état, deux campagnes de mousse suffisent ordinairement : il ne faut donc, pour être novice, qu'un peu plus d'âge et de force.

On commence cette classe, de 16 à 17 ans.

CLASSE DE NOVICE.

Quarts.

L'ÉQUIPAGE se divise en deux parties que l'on appelle Quart de tribord et Quart de babord. Les hommes qui sont du premier quart sont appellés tribordais, et ceux du second quart, babordais.

Serrer les voiles carrées.

Dès que la voile est carguée, et avant de monter sur la vergue, on la fait brasseïer en ralingue ou carré, selon la force du vent; on en fait bien amarrer les bras et les balancines, et larguer les boulines. On pare les rabans que l'on jette en arrière de la vergue; ensuite l'équipage se partage en nombre égal, (à moins que le vent, soufflant violemment de côté, ne nécessite plus d'hommes du bord du vent.) On commence à faire la chemise.

Aussi-tôt la chemise faite, et que le pli en est posé sur la vergue, on dispose la relingue du fond; on la partage également de chaque côté contre l'itague. On mappe la toile, pli à pli, sur la vergue, et on la retient fortement sous le ventre, jusqu'à ce que l'on soit parvenu à saisir la chemise dans laquelle on foule toute la toile ; on soulève le tout avec effort et beaucoup d'ensemble par dessus la vergue ; on tourne de suite les rabans de ferlage, en rentrant et de manière à pouvoir soulever la toile en souquant à chaque tour ; on arrête les bouts des rabans de fond, autour de la vergue. Le raban que l'on appelle Couillard se tourne autour de la poulie d'itague.

En même tems que l'on serre le fond de la voile, la même opération doit se faire vers ses extrémités.

Il faut beaucoup d'habitude et de goût pour bien serrer les voiles, sur-tout les huniers, la contre-voile d'étai, le grand foc et la brigantine.

Déferler les voiles carrées.

Cette opération est inverse de la précédente. On commence par larguer les rabans de ferlage des bouts de la vergue, ensuite ceux du fond. On met en même tems ces rabans en chaînette, et on les jette en avant de la voile, quand elle est orientée.

Si les huniers ou les perroquets ont besoin d'être appareillés, on reste en lieu convenable, pour en affaler les cargues, et veiller à ce que rien ne gêne à hisser ces voiles.

Gréer les Perroquets.

Les vergues des perroquets, qu'elles soient, ou non, garnies de leurs voiles, doivent, pour se gréer, être frappées de leur drisse génoppée à environ cinq pieds du bout, et assujetties par leurs extrémités avec deux bagues mobiles enfilées par les gal-haubans du mât de hune. Ces bagues conductrices servent à diriger les vergues du perroquet vers les mâts où elles doivent être établies : on hisse.

Dès qu'elles sont parvenues aux barres de perroquet, les novices chargés de les gréer, commencent par démarrer les bagues, caplent les bras, puis les balanciers, observant de passer ces dernières manœuvres dans les œillets destinés à les recevoir, et placés pour cet effet au-dessus de chaque bout de la vergue : ce travail doit être fait avec beaucoup de prestesse.

Aussi-tôt que ce capelage est terminé, on fait peser un peu sur la drisse pour faciliter le rapprochement de la vergue au mât, et de manière à ce que le raccage s'en trouve à-peu-près à un pied au-dessus du chouquet.

Quand tout se trouve paré à les mettre en croix, on s'avertit réciproquement à chaque mât, et au coup de sifflet du maître d'équipage, on coupe la genoppe, on pèse vivement sur la balancine qui doit apiquer la vergue, et l'on embrasse aussi-tôt le mât avec le raccage. Cette manœuvre exige beaucoup d'ensemble dans son opération.

Quand il y a nécessité de gréer ces voiles de leurs manœuvres, on frappe les cargues-points, la cargue-fonds et les boulines, en faisant bien attention de ne pas engager le point de la voile avec cette dernière manœuvre, ni à lui donner des tours, comme cela arrive quelquefois, lorsque l'on frappe l'écoute.

Les voiles de perroquet s'enverguent ordinairement sur le pont.

Quand la drisse de perroquet est double, ou autrement dit à itague, on la défrappe de dessus la vergue ; on met à sa place l'itague, et l'on renvoie en bas le bout de cette même drisse.

DU MATELOT.

LA différence entre le novice et le matelot ne consiste qu'en ce que ce dernier doit être plus âgé et plus robuste ; le genre de travail et les connaissances sont à-peu-près les mêmes ; mais le matelot, à qui le tems a donné plus d'expérience, est plus assuré de ce qu'il fait ; et, par-conséquent, est moins sujet à se tromper que le novice qui, ordinairement, est assujetti aux mêmes fonctions de domesticité que le mousse.

Un bon matelot doit savoir bien manier le gouvernail, prendre les empointures des ris, gréer et dégréer le vaisseau, mouiller et lever les ancres à jet, arrimer, faire toute espèce de palans, sonder, coudre les voiles, couper tous estropes, faire les emboudinures, bosses, tournevires, étalingures, orins, etc.

Sa meilleure école est un attelier de gar‑
niture ou un vaisseau en armement.

Avec du talent et de l'intelligence, le ma‑
telot parvient bien‑tôt à sortir de cette classe,
passe aux hunes en qualité de gabier, à la
timonnerie comme timonnier. (Ces grades
ne sont qu'à bord des vaisseaux de l'Etat.)

Cette classe se commence ordinairement à
l'âge de 18 ans.

CLASSE DE MATELOT.

Dès que les bas mâts sont debout, on les coince aux étambrais ; puis, on se dispose au capelage des barres sur les jottereaux, et à celui des hunes sur les barres. La hune se met en place au moyen des deux cartaheus de tête de mât, et se cheville et goupille aux barres ; cette plate-forme, à claire voie, assujettit le mât de hune par le moyen des haubans de ce mât.

La hune ainsi disposée, on caple le chouquet, observant bien de mettre les pitons en dessous, puisque c'est-là où l'on croche la poulie de guinderesse ; ensuite, on fait le capelage des pentoires de caliorne, des bas-haubans, des étais et faux-étais.

En général, les bouts des haubans sont recouverts d'une calotte de toile goudronnée qui empêche l'eau de pénétrer dans l'inté-rieur du cordage. Cette toile se soulie avec du lusin et par demi-clefs. A bord de certains navires, les bouts des haubans, de même

B

que ceux des manœuvres courantes , sont travaillés en queue de rat.

Lorsque les caps-de-mouton sont placés sur les haubans, et que tous les amarrages en sont faits , on passe les rides.

Cette opération se fait , en prenant le bout de la pièce de ride , que l'on passe de dedans en dehors dans le trou-arrière du cap-de-mouton placé sur le porte-hauban. On prend le hauban qui doit y correspondre , on le détourne, afin qu'il ne prenne point de tours ; et le bout , fixé par deux amarrages de ligne , doit être présenté vers l'intérieur du navire. Alors on continue de passer la ride par les trous se correspondans ; de cette manière le dernier trou où la ride passera se trouvera être le premier du cap-de-mouton du hauban. On termine le bout de cette ride par un cul-de-porc double à tête d'allouette. On graisse bien la ride , à mesure qu'elle se roidit , par le moyen d'un palan sur lequel on force à poids de corps et sans secousse.

Le hauban ainsi bien roidi , on génoppe les tours de dessous en portugaise ; on largue le palan ; la ride se coupe à une longueur convenable à faire quelques tours autour de son hauban.

L'on ride un hauban de chaque côté en même tems, afin de bien conserver la per-pendiculaire au mât.

Lorsque cette opération se trouve entière-ment terminée, on pose les esparres sur les haubans à six pieds de distance l'un de l'au-tre; puis on fait les enfléchures, on place les trélingages, les poulies de conduit, et les quenouilletes.

Le trélingage doit toujours être mis en place avant de fixer les haubans de revers; les quenouilletes, avant le trélingage.

Guinder le mât de hune.

Lorsque ce mât se trouve garni de sa guin-deresse, on guinde; et dès que sa tête a dé-passé le chouquet du bas mât, on caple les barres, son chouquet, ses haubans, gal-haubans, étai et draille, que, parés à gréer, on a d'avance hissés sur la hune; et aussi-tôt que ce mât est achevé de guinder et qu'il est en clef, on en ride les haubans, gal-haubans, étai et draille. Les enfléchures s'en font par le même procédé que celui des bas-haubans.

A l'extrémité des barres de perroquet sont des petits trous, garnis en basane, destinés à recevoir les haubans du mât de perroquet; chacun de ces haubans, lorsque le mât de perroquet est guindé et gréé, est roidi par le moyen d'une petite ride de quarantenier qui, à plusieurs tours, passe dans une cosse établie à un des caps-de-mouton de la hune.

Quand tous les mâts se trouvent en clef, on fait la garniture des vergues.

Pour cet effet, chaque vergue doit être pourvue des poulies destinées à recevoir les différentes cargues, de son raccage, de ses estropes et cosses; avant d'y faire aucun capelage, on a l'attention de placer en-dessous un petit bourrelet, et de garnir les vergues qui sont susceptibles d'en recevoir, de liens de fer destinés aux boute-hors de bonnetes.

Il faut que tous les capelages des bouts de vergues soient bien garnis et tellement justes, que l'on soit obligé d'employer le maillet ou la tête de l'épissoir; chacun de ces capelages doit être mis à son appel. Le marche-pied appelle en dessous; le bras, vers sa poulie de conduit avant ou arrière; et la balancine, en dessus.

Ainsi gréées, on met chaque vergue à la place qu'elle doit occuper.

Hisser une basse vergue.

La basse vergue se hisse par le moyen des caliornes ; rendue à son point, on la garnit de sa suspente et de sa drosse, car elle n'a point de raccage comme les autres vergues.

Placer une vergue de hune à son mât.

Cette vergue s'envoie dans la hune, au moyen de sa drisse et de son itague avec genoppe. Elle s'envoie debout, en avant du bas mât, et doit être garnie de ses marchepieds, bras et balancines ; lorsqu'elle est parvenue assez haut, on la met en travers sur la hune, pour passer les balancines dans leurs conduits placés au-dessous des quenouilletes des deux premiers haubans de hune. Ces mêmes conduits servent aussi à recevoir les palanquins de ris.

Ayant ainsi tout disposé, on monte passer les balancines, on hisse la vergue à un pied au-dessus du chouquet, l'on embrasse le mât avec le raccage, puis l'on défrappe l'itague, qui, si elle doit être double, a une drisse à tribord et une autre à babord. Cette manœu·

vre terminée, on met la vergue carrément au moyen de ses bras et de ses balancines.

Envergure des voiles.

Pour enverguer la misaine, ou la grande voile carrée, on la dispose sur le pont dans le sens de la vergue. Les rabans d'envergure y étant garnis, on frappe les cargue-fonds, les boulines, les cargue-boulines, les poulies de cargue-points, les poulies d'écoute et les amures. La voile ainsi parée et ployée par quelques rabans, on l'envoie en haut à l'aide de ses cargues.

Lorsque la voile est rendue sous sa vergue, les deux meilleurs matelots s'emparent des rabans d'entêture, et fixent ces extrémités de la voile au point qu'elles doivent occuper, observant de laisser une égale distance depuis cette même entêture aux bouts de la vergue.

Auparavant que d'enverguer, et lorsqu'on a donné quelques tours du raban d'entêture, les hommes qui sont sur la vergue mettent sous leurs pieds la ralingue de la voile, et dansent dessus pendant quelques instants à poids de corps pour la bien allonger. Cela fait, les deux matelots de bouts de vergues

hâlent sur leurs rabans d'entêture; ils tournent ensuite les rabans de croisure; chacun
prend alors et noue les rabans d'envergure,
en tenant bien la ralingue sous la vergue.

Pour enverguer un hunier.

On envoie le hunier dans sa hune, au
moyen de sa drisse, et on y frappe toutes les
cargues. On suit en tout le même procédé
qu'à la misaine, et on le hisse pour s'assurer
qu'il oriente bien.

Enverguer les focs et voiles d'étai.

Pour enverguer les focs ou les voiles d'étai,
il faut que les drailles, ou les étais, soient
garnis de leurs bagues, dans lesquelles on
aura passé le hâle-bas que l'on frappe en même tems que la drisse, au point de drisse de
la voile d'étai ou du foc que l'on envergue.
On fixe chaque bague à l'œil de la voile par
un bon amarrage de luzin, ou bitord; on fait
entrer cette ralingue entre les deux petites
extrémités que cette bague forme, par le
moyen de deux coches; on fait hisser cette
voile à fur et mesure qu'on l'envergue, afin
de n'être point gêné dans cette opération,

qui se termine par l'amarrage du point d'a-
mure.

Avant d'enverguer ces sortes de voiles, il
faut que les écoutes y soient frappées.

Envergure de la grande voile ou brigantine.

La brigantine, appellée aussi grande voile,
s'envergue sur la corne, et on fait l'amarrage
des bagues de la même manière que ceux
des voiles d'étai ; on ne met de bagues que
jusqu'au ris d'en-haut : depuis ce point,
on lace la voile avec un cordage ; on hisse
à mesure des drisses de pic et de corne.
Son point d'amure ne se fixe pas à demeure,
parce que l'on se sert d'un petit palan pour
l'amurer, et qu'alors on passe ce point d'a-
mure par-dessus le gui.

Le point d'écoute de cette voile est fixé
sur l'extrémité du gui, arrière; elle se borde
à l'aide d'un palan dont une des poulies est
estropée sur le gui, et l'autre doit être mobile sur une barre en dedans du couronnement et au-dessus de la tête du gouvernail.

Le garant de ce palan à bord d'un
brick est appellé grande écoute, écoute de

grande voile, ou enfin écoute de brigantine.

L'artimon s'envergue de la même manière.

A bord d'un navire à trois mâts, cette écoute prend le nom d'écoute d'artimon. Il y a aussi des bricks, autrement dits senaus, qui enverguent une grande voile carrée, alors le nom de grande écoute appartient à cette dernière voile, et celle qui borde le gui prend le nom d'écoute de brigantine.

Le gui ou bomme, dont la partie intérieure est posée sur un croissant cloué au mât, a environ quatre pieds au-dessus du pont, est garni de ses balancines et d'un long pentoire de retenue.

Quand on hisse la brigantine, on met toujours le pic entre les balancines, et lorsqu'il vente bon frais on largue celle de sous le vent, afin qu'elle ne gène pas trop le vent qui joue dans cette voile.

Le pic a un hâle-bas. Il y en a aussi un autre à la partie de la corne qui glisse au mât; ce hâle-bas sert aussi à carguer la voile; pour cet effet l'un des bouts se trouve frappé sur le point d'amure de cette voile, et de manière à pouvoir lui-même se joindre à l'autre bout de ce même hâle-bas.

B *.

Riser les voiles.

Lorsque l'on commande de prendre les ris par-tout, tribord monte arrière et babord devant.

Pour prendre un ris dans les huniers, on amène un peu de cette voile que l'on brasseïe en ralingue, pesant en même tems sur les palanquins et les cargues-boulines. Le meilleur matelot va se mettre à l'empointure du vent, les hommes de sur vergue s'emparent des garcettes de ris et hâlent la toile vers le vent, pour faciliter à la prise de l'empointure; dès qu'elle se trouve achevée, le matelot qui y est placé en avertit par ces mots : *Hâle sous le vent, hâle !* et chacun s'empresse à nouer, en souquant, les garcettes qui sont à sa portée, en observant bien de pousser la bande de ris sous la vergue.

Quand on prend deux ris, et qu'on les prend l'un après l'autre, on porte le premier sur la vergue, et le deuxième en dessous, afin que la voile oriente bien. Si un seul, ou dernier ris, se prenoit en dessus de la vergue, on verrait bientôt la toile tourner en dessous, lorsque la voile serait étarquée et qu'elle présenterait sa surface à l'impulsion du vent ; elle ferait alors un très-mauvais effet.

Dans tous les cas, on doit bien observer en nouant les garcettes de ris, de ne point engager les écoutes de perroquet, comme aussi de bien faire le nœud plat.

Quand on veut prendre des ris à la brigantine, on l'amène un peu en palanquant l'itague de ris ; ensuite on croche le palan d'amure à la cosse du ris que l'on veut prendre, et on mappe la toile sans la rouler, ayant soin d'en tenir la ralingue en-dessous ; puis chacun prend et noue les garcettes.

Pour faire cette opération, il convient que l'écoute soit bordée presque à cul.

Il y a des navires qui n'ont point d'itagues de risà leur brigantine ; alors cette empointure se fait en garnissant bien cette partie de la voile avec une bonne bande de toile ; un cordage la saisit à la bomme par plusieurs tours faits solidement et avec beaucoup de soin.

Pour hisser les huniers.

Tribord derrière, et babord devant, se rangent sur les drisses ; on largue toutes les cargues, et un homme placé à chacun des bras aide à conduire la vergue et à la tenir carrément.

Range sur la caliorne.

Ce commandement se fait dans les navires où il n'y a ni cabestan, ni vireveau, lorsque l'on veut lever l'ancre ; et alors un certain nombre d'hommes se range à la caliorne et hâle dedans le cable, que quelques hommes conduisent et mettent en pli. L'ancre rendue à l'écubier, on la capone, on y passe la serre-bosse, et ensuite on la traverse.

Lorsque l'on veut virer le cable avec le cabestan, on le garnit de la marguerite ; c'est-à-dire, on frappe cette dernière sur le cable ; elle s'y trouve ainsi fixée à l'aide de garcettes qui saisissent l'un et l'autre, au moyen des pommes travaillées sur cette marguerite, que l'on appelle aussi tourne-vire. Ces garcettes se frappent en donnant un tour à la marguerite au-dessous de sa pomme, et qui ensuite tournent autour du cable par plusieurs tours. On tient cette garcette à la main, et on suit ainsi le cable jusqu'au cabestan à mesure qu'on le vire. Plusieurs hommes sont ainsi rangés pour cette opération. Lorsque l'on veut choquer le tourne-vire au cabestan, on bosse le cable.

Hors les focs.

On largue les hâle-bas de ces voiles, et pendant qu'on les hisse, quelques hommes passent aux écoutes pour border lorsqu'elles sont hissées.

Hisse la grande voile.

Les hommes rangés sur les drisses de mât et de pic, hissent jusqu'à ce qu'elle soit haute : on l'oriente d'ailleurs suivant la direction du vent.

Borde les huniers.

Certain nombre d'hommes s'emparent de chacune des écoutes ; ils hâlent dessus, jusqu'à ce que le point de la voile soit parvenu à toucher l'extrémité de la vergue sur laquelle elle se borde; lorsque le vent est fort, il faut réunir tout le monde sur l'écoute du vent, et lorsqu'elle est à joindre, on passe à celle sous le vent.

Borde les perroquets.

Trois ou quatre hommes se portent sur chaque écoute, et larguent les cargues-points et la cargue-fonds ; ces voiles se bordent comme les huniers.

Hisse les perroquets.

Quelques hommes se portent sur les drisses, en larguant toutes les cargues ; un homme à chaque bras de vergue, aide à la conduire, et la tient carrément, jusqu'à ce que ceux de drisse ayent mis la voile haute.

Amure misaine.

A ce commandement, on largue les cargues-fonds et cargues-boulines. Un homme de chaque bord file les cargues-points, à mesure que d'autres, rangés sur l'amure du vent, font effort. Dès que le point d'amure est rendu, on passe à l'écoute et on la borde.

Hors les voiles d'étai.

Les hommes de l'arrière se rangent sur les drisses ; un homme de l'avant largue les hâle-bas, tandis que d'autres ont passé sous le vent pour les border.

Hâle les boulines.

On se range sur les boulines du vent, et lorsque les voiles sont bien boulinées, on appuie les bras du vent, afin de les mieux orienter.

Brasse tribord ou *babord.*

On largue les bras opposés à ceux que l'on veut brasser, et l'on hâle sur ceux que l'on a indiqués.

Cargue la grande voile.

Un homme se range à l'amure, un autre à l'écoute, et tous les autres pèsent sur les cargues-points et cargues-fonds.

Amène les perroquets.

On en largue les drisses, tandis que quelques hommes, placés à chaque bras, les abraquent à mesure que les vergues descendent.

Cargue les perroquets.

On passe à chaque bord larguer les écoutes ; d'autres passent sur les bras du vent pour brasser en ralingue, et d'autres enfin pèsent sur les cargues-points, jusqu'à ce que les points de ces voiles soient à joindre.

Hâle-bas les voiles d'étai.

Un homme se place sur chaque écoute, et drisse à mesure que deux autres pèsent sur leurs hâle-bas.

Cargue la misaine.

Un homme se place à l'amure, un autre

à l'écoute, et tous les autres rangés sur les cargues, font effort à mesure que les deux premiers filent ces deux premières manœuvres.

Amène les huniers.

On met un homme à chaque drisse, deux autres sur chaque bras et cargues-points, pour les abraquer à mesure que la voile descend ; quand la vergue est à environ deux pieds du chouquet, on largue la drisse en bande. La vergue rendue sur ses balancines, on rembraque la drisse.

Cargue les huniers.

Un homme se place sur chaque écoute, et les file à mesure. Deux autres sont sur les bras pour tenir en ralingue, tandis que d'autres pèsent sur les cargues, en observant de faire plus d'effort sur les cargues-points.

Hâle-bas les focs.

On largue les drisses, et on abraque avec effort sur les hâle-bas.

Cargue l'artimon.

Un homme largue l'écoute, et quelques autres pèsent sur les cargues.

On *amène le pic ou la corne* à bord d'un brick, en larguant cette drisse, et en pesant sur le hâle-bas.

Amène la brigantine.

Un homme se place à la drisse de la corne, un autre à la grande drisse, et ils amènent ensemble, en observant de tenir la corne bien horizontale, pesant en même tems sur les deux hâle-bas. Plusieurs hommes bordent la grande écoute, tandis que d'autres filent la retenue. Cette voile amenée, on place la bomme dans son chandellier, en amenant de ses balancines.

Aux connaissances de la manœuvre, il faut que le matelot joigne celles du timonnage. Il doit porter la plus grande attention à bien gouverner, et regarder plus souvent l'avant du navire, que sur la boussole, afin de bien corriger les élans. Dans les forts tangages, il doit laisser du mou à sa barre, et saisir à propos le raban, si le gouvernail est à barre franche; si au contraire il est garni d'une roue, il ne la laisse tourner que de trois à quatre cabillots qu'il détourne presqu'aussi-tôt.

Le gouvernail, ayant du jeu dans ses mouvemens, ses tangages sont moins durs, et lorsque l'avant du vaisseau se trouve balancé sur la cime d'une vague, un timonnier habile sent toujours sous son pied un léger mouvement qui lui indique vers quel bord il va s'abattre (3).

Le matelot doit encore savoir marquer les lignes de lock et de sonde ; estimer le sillage du vaisseau, marquer les routes, relever la dérive, garnir les horloges, les verrines et les fanaux de signaux ; pavoiser, garnir les tire-veilles, etc. Lorsqu'il est de quart, il hèle toutes les embarcations qui longent le bord ou passent à portée de la voix.

On ne les hèle jamais que dans la nuit, et après l'heure du canon de retraite.

Voici la manière d'arraisonner une embarcation qui, n'importe la grandeur, si elle est à rames, est appellée chaloupe.

Demande. Ho ?

Réponse. Ho ?

D.   Ho ? de la chaloupe, ho ?

R.   Holà ?

D.   Vient-elle à bord ?

R.   Non.

D.   Au large ?

Si elle répond : *Oui ;* au lieu de dire au large, on continue :

D.   Y a-t-il des officiers ?

R.   Oui.

D.   A la bonne heure.

Il avertit de suite l'officier de quart, et au commandement du maître, deux hommes se mettent sur le bord, pour présenter les tire-veilles à l'officier qui monte. Lorsque c'est le capitaine qui arrive, deux hommes descendent, ou plutôt se mettent en-dehors du bord, à mi-escalier, et deux autres se tiennent sur le plat-bord et en-dehors de la lisse.

Lorsque l'on arraisonne avec le porte-voix, on ne parle qu'en coupant les mots, et en prolongeant beaucoup le son de la finale.

Dans un cas pressé de signaux de nuit avec fanaux, la provision de bougie étant épuisée, et la chandelle se trouvant trop longue pour laisser appercevoir sa lumière, ou risquant de s'éteindre à cause de sa grande longueur, il convient aussi qu'un matelot sache la partager en deux, sans le secours d'aucun instrument tranchant, et de manière à ce

que ces deux morceaux , séparés à égale longueur, présentent chacun un bout de mèche
toute effilée , sans qu'il soit besoin d'ôter la
moindre parcelle du suif ; peu de marins
connaissent ce procédé : je le donne ici.

On tient la chandelle dans les deux mains
rapprochées à se toucher les ongles en-dessous , et dans une position horizontale : on
tend les bras bien roides et on fait effort en
sens contraire , sans mouvoir les poignets :
ainsi partagée, on peut la présenter à la lumière.

Dans bien des occasions , je me suis servi
de ce moyen , qui m'a toujours réussi ; mais
il faut que le suif soit de bonne qualité et la
mèche proportionnée. Le luminaire est un
objet assez important à bord d'un navire ,
pour appeller toute l'attention de l'officier
chargé du détail.

Il est également nécessaire que le matelot
ait quelques connaissances sur le canonnage ,
ou au moins les plus essentielles à la manœuvre du canon. Il doit savoir faire les bra-
gues , valets, gargousses ; garnir les escouf-
fillons , boute-feux , fanaux de combat et autres menus articles.

CLASSE DE L'OFFICIER-MARINIER DE MANŒUVRE.

L'OFFICIER-marinier de manœuvre n'est autre qu'un matelot parfait, à qui de longs voyages et plusieurs armemens ont donné l'expérience nécessaire concernant le détail des grémens des diverses espèces de vaisseaux.

Il répète le commandement ordonné par le maître-d'équipage, et fait exécuter les différentes manœuvres. Il soigne la propreté du bord, maintient le bon ordre parmi l'équipage, est chargé de l'arrangement du leste, du détail des manœuvres et de leur visite journalière. C'est encore lui qui ordonne de sonner la cloche soit pour annoncer le réveil des quarts, soit pour annoncer l'heure des repas.

Quand on dégrée le vaisseau, il fait bien rouer les manœuvres courantes, et longer les dormantes, mettant les doubles semblables ensemble, les étiquettant avec des morceaux de feuillard, et de manière à ce que les inscriptions ne s'effacent point.

Aux aiguades, au lever des ancres à jet ou d'affourche, il est dans la chaloupe ; lorsqu'on appareille, il se tient sur le bossoir auprès du premier lieutenant, ou bien, il anime l'équipage au cabestan pour le lever de l'ancre. Quand on rise les voiles, ou qu'on les serre par le mauvais tems, il se tient sur la hune pour veiller à ce que les hommes employés à ce travail fassent bien leur devoir.

Il convient aussi que l'officier-marinier de manœuvre sache couper le grément du navire, et ait quelques notions de mâtage.

On commence cette classe depuis l'âge de 22 à 25 ans.

CLASSE DE MAITRE-D'ÉQUIPAGE.

Un bon maître-d'équipage doit posséder une infinité de connaissances diverses, puisque tout ce qui a rapport au grément des cordages, à la garniture des voiles, à l'arrimage, entre dans les attributions de son grade.

Si les connaissances et les devoirs du matelot, ou de l'officier de manœuvre, sont bornées aux ouvrages précités, le maître-d'équipage doit en outre connaître la coupe du grément dans la perfection, et avoir surtout, en cette circonstance, le rare talent de ne jamais faire de fausses coupes ; par ce moyen ses cordages sont utilisés sans prodigalité.

Il doit avoir soin que toutes les fournitures et ustensiles soient arrangés à leur place, que le vaisseau soit intérieurement et extérieurement lavé en tems, que les voiles soient séchées après la pluie, et trempées de tems en tems avec l'eau de la mer , aussi-bien que les cables , à qui cette mouillure fait grand bien ; toute son attention enfin doit se porter au dedans comme au dehors du vaisseau : lorsqu'on est à l'ancre , ou dans le port , il prend chaque soir , du premier lieutenant , l'ordre du travail à exécuter le lendemain.

Le mâtage , l'abbatage en carène , le jaugeage , l'arrimage , doivent aussi faire son unique étude.

Lorsque le navire prend charge , il doit placer les marchandises de manière à en faire contenir la plus grande quantité possible ; différencier celles qui sont susceptibles d'être brisées par leur fragilité naturelle , afin de les placer sur les autres, ou dans des endroits où elles ne sauraient être exposées ; n'en point mettre de sèches sous de liquides , leur coulage pouvant les gâter ; en plaçant à propos les coins et autres bois , les futailles seront solidement assises , et ne fatigueront pas.

Il faut une grande habitude du maniement de tous ces objets , pour ne pas les briser , ni les exciter au coulage.

S'il s'attache à découvrir les bonnes ou les mauvaises qualités du navire sur lequel il se trouve, il pourra juger s'il portera bien ou mal la voile; s'il tanguera, on roulera beaucoup; alors il prendra, dans l'arrima-ge, les précautions nécessaires pour empê-cher qu'il ne fatigue à la lame; car c'est la manière d'arrimer et placer les marchandi-ses, qui augmente ou diminue la vivacité des mouvemens du navire.

Il doit aussi s'accoutumer à juger d'un coup-d'œil quelles sont les marchandises qui, par leur nature, peuvent occasionner ces mouvemens différents, afin d'être à portée de savoir s'il convient, ou non, de faire un grenier dans le fond du vaisseau.

On appelle grenier une certaine quantité de bois arrangé dans le fond de cale, et sur lequel on arrime les marchandises.

Il y a des greniers de plusieurs espèces, suivant que l'on charge de marchandises qui ne sont simplement que pesantes et non en-combrantes, ou celles qui sont en même tems l'un et l'autre, c'est-à-dire pesantes et encombrantes (je parlerai de ces dernières) telles que le riz, seigle, maïs, orge, bled, sel ou toute autre qui pèse et encombre, qui est sujette à recevoir l'humidité et à couler dans les vuides qui se trouvent entre les morceaux de bois (3).

On charge ordinairement ces grains en sacs ou en vrague, c'est-à-dire en grenier.

Quand on charge en sacs on met, comme je l'ai dit, du bois au fond de cale ; c'est ce qu'on appelle grenier. On en met, selon que l'on juge le navire plus ou moins sujet à faire de l'eau ; mais l'usage le plus ordinaire est d'élever d'environ huit pouces au-dessus du serrage, et même plus dans la couche, parce que c'est-là où s'amasse l'eau, quand le navire donne la bande.

Ces bois ainsi arrangés dans toute l'étendue du navire, on y met par dessus des nattes, ou de la toile dont on tapisse la cale du haut en bas ; après quoi, on arrime les sacs. Les nattes que l'on met le long du bord servent à les garantir des épurius ; et comme entre ces sacs il reste toujours quelque vuide, cela fait qu'un navire en emplit ordinairement.

Mais, comme en chargeant le bled en vrague, un navire qui n'aurait qu'un pont serait trop chargé en l'emplissant, on peut augmenter la hauteur du grenier de quelques pouces pour plus de sûreté, ce qui fera qu'il emplira davantage ; le bled sera moins sujet à glisser d'un bord à l'autre, et les mouve-mens du navire en seront plus doux.

D'autres, comme à Dunkerque, établis-sent dans le fond du navire un plancher à la hauteur susdite, et laissent entre les barrots ou gîtes qui soutiennent le plancher, assez de vuide pour que l'écoulement de l'eau, s'il en vient, se fasse aisément.

Mais, comme telle précaution que l'on puisse prendre, il n'est pas possible ni même prudent d'emplir absolument le navire (4), et qu'en portant la voile, ou dans de grands roulis, le bled roulerait d'un côté à l'autre, on a soin de partager le navire en trois par-ties sur sa largeur, et d'y faire deux cloisons de l'avant à l'arrière. *

Ces cloisons se font, en mettant de chaque côté des écoutilles, et sur chaque bau, une épontille du haut en bas, tenue à chaque extrémité par un taquet ; et depuis le pont jusqu'au moins trois pieds plus bas on cloue, sur ces épontilles, des planches de chaque côté ; mais comme tous les raisonnemens font moins connoître ce genre de travail que l'expérience , on doit voir par soi-même comment ils s'exécutent, pour en faire usage au besoin ; car, ce que je viens de dire, n'est seulement que pour faire connaître la théorie des greniers et les principes sur lesquels elle est basée.

Les marchandises pesantes et non encombrantes sont le plomb, le fer , le cuivre et autres métaux. Si celles-ci n'étaient placées que sur un grenier tel que celui du bled, et que le navire en fut extrèmement chargé, il serait innaviguable ; ses roulis seraient vifs et continuels, et il courrait le danger de démâter , même de périr.

On peut en quelque sorte se garantir de cet inconvénient , en faisant le grenier fort haut, comme de 2 , 3 , 4 ou 5 pieds, selon la grandeur ou la forme du navire, et c'est ce qu'il faut examiner ; car il est des marins qui n'ont seulement pas l'intelligence nécessaire pour opérer un chargement , et qui, parce qu'ils auront vu que, dans tel ou tel navire, le grenier aura été élevé à une certaine hauteur , concluront de-là qu'il doit être le même dans tous ; mais, pour peu qu'on ait l'esprit observateur, on verra qu'il doit y avoir une différence , qui dépend de la grandeur ou de la forme du navire.

Si un navire est long , étroit, son fond allongé et point plat, il ne portera pas bien la voile ; mais il roulera beaucoup : en ce cas, il faut élever davantage le grenier, et séparer la marchandise des abords par du gros bois.

Si le navire a le fond court , il tanguera sec et fatiguera beaucoup son grément ; on aura soin , pour le soulager , de ne charger que très-peu les extrémités.

De plus longs raisonnemens sur cet objet seraient inutiles , parce que quelques voyages peuvent donner une expérience suffisante ; mais comme il se rencontre par fois des routiniers qui prétendent que leur âge doit être une autorité pour faire adopter leur méthode, et en imposer à la jeunesse en leur faisant telle ou telle citation ; qui avanceront même que, plus un navire se trouve chargé en bas, moins il roulera, et que plus il sera chargé sur le haut, plus il roulera. Voici le raisonnement que je leur oppose.

Je suppose le navire (*Planche* 4) chargé
seulement jusqu'à la ligne A, B; il roulera
peu, s'abattra beaucoup par l'effet de la lame
ou de ses voiles, et il se relevera avec peine
et lentement, parce que le contre-poids depuis cette même ligne jusqu'au haut de son
mât, s'opposera à ce qu'il se redresse subi-
tement.

S'il est chargé à la ligne C, C, l'augmen-
tation de sa charge diminuera son contre-
poids, et il est bien évident que s'il est abattu par la lame, il se redressera bien plus
vivement.

S'il est chargé à la ligne E E ou F F, il
est naturel que, se redressant avec plus de
vivacité pour reprendre son assiette, ses mouvemens deviendront plus durs, par la raison que le contre-poids , depuis sa ligne
d'eau, n'aura pas autant d'influence sur son
chargement.

Et enfin, chargé dans son entrepont G,
le contre-poids augmentera en raison de la
pesanteur des marchandises qui y seront con-
tenues ; il balancera le poids qui se trouvera
en dessous de la ligne d'eau, et diminuera la
vivacité des roulis.

Ces observations, quoique justes, ne peuvent être également appliquées à tous les navires ; il doit y avoir une différence proportionnée à leur construction : le grand art est de bien saisir, au premier coup-d'œil, les qualités que peut avoir un navire, afin de le charger d'une manière convenable.

Le maître-d'équipage doit avoir aussi quelques nations de méchanique, pour composer au besoin des machines propres à mouvoir et lever des fardeaux.

Coupe du grément.

La méthode que je propose ici admet que l'on sache au moins les nom et usage de chaque manœuvre, pour être à même de mesurer la longueur qu'elle doit avoir, en figurant les contours qu'elle prend, et il est nécessaire de se faire donner par le constructeur les proportions du navire et celles de la mâture.

Lorsqu'on s'est procuré toutes les données nécessaires et relatives au travail qu'on veut exécuter, il ne s'agit plus que de tracer à-peu-près la forme du navire, pour placer à propos les mâts. Cette opération se fait de la manière suivante.

Sur une grande feuille de papier on dresse une échelle divisée en parties égales, qui puisse contenir dans toute son étendue le navire, et sa mâture. Au moyen des proportions qu'on a reçues, il est aisé de former le corps du navire, en prenant avec un compas à pointes, sur l'échelle, les longueurs et largeurs fixées.

Après avoir formé le corps du navire, on détermine la place des mâts dans toute leur longueur, et on en fait le trait; on marque avec toute la précision possible les tons, hunes et bouts de vergues; on trace aussi toutes les manœuvres : on peut même faire le trait des voiles, et en donner la mesure au voilier.

D'après cela, il est fort aisé de couper, en longueur juste, telle manœuvre que l'on voudra : plus les divisions de l'échelle sont grandes, plus il y a de précision pour la coupe.

Il est d'usage de couper les bas-haubaus les premiers : pour cet effet, on rapporte, sur une autre feuille de papier, l'échelle déjà faite, et l'on y fait le tracé du bau du navire, et celui de la largeur des porte-haubans.

On commence par la coupe des pentoires de caliorne; leur longueur en est arbitraire.

Pour couper le premier grand-hauban on prend, avec le compas à pointes, la distance comprise depuis le dessus du premier cap-de-mouton du grand porte-hauban au-dessus du coussin de la grande hune, plus le demi-tour du ton du mât : mais comme il est d'usage de les faire doubles, il faut, par conséquent, doubler ces longueurs pour avoir les deux premiers haubans.

On observera, en faisant l'amarrage du capelage, de laisser le hauban qui ira en arrière de l'autre, deux ou trois pouces plus long : ceci pour un côté.

Pour couper le deuxième, c'est-à-dire, pour couper les deux premiers haubans de l'autre côté, il faut opérer de même, observant bien qu'il faut ajouter quelques pouces à ceux-ci, attendu qu'ils caplent sur les précédens.

En continuant ainsi, on parviendra à couper successivement tous les autres haubans ; mais il faut bien faire attention qu'à mesure qu'ils gagnent vers l'arrière, il faut leur donner quelque chose de plus, puisqu'ils décrivent un arc , et qu'ils ne doivent faire qu'une ligne parallèle avec le plat-bord, lorsqu'ils sont roidis.

Un petit bout de ligne avec nœuds , fixé au capelage de chaque hauban , indique l'ordre dans lequel ils doivent être placés.

Il en sera de même pour la coupe des gal-haubans et haubans de hune et de perroquet.

On laisse , aux étais, une longueur suffisante pour faire le collier.

Il y a des marins qui donnent en longueur au grand étai, la longueur du grand mât ; le collier se trouve compris dans cette longueur.

On donne , pour former le collier , deux fois et demi la longueur du ton du mât ; c'est-à-dire , que l'on place, à cette distance , la pomme de l'étai ; mais aujourd'hui on a quitté en partie l'usage des anciennes proportions ; elles ne subsistent plus que dans les arsenaux de l'Etat, où tous les vaisseaux sont faits sur des proportions pour ainsi dire invariables.

Il n'en est pas de même des navires marchands , qui sont construits sous différens points de vue. Certains armateurs les veulent longs et étroits , d'autres fins ; d'autres encore les veulent larges et bas de bordée, etc. etc. Toutes ces différences de constructions doivent nécessairement aussi apporter une différence dans les proportions du grément comme dans celles de la mâture.

D'après cela , la méthode de couper le grément avec exactitude, doit paraître facile ; car , après avoir démontré la manière de procéder à la coupe des haubans , on doit s'appercevoir combien il est aisé de couper toutes les autres manœuvres. Par exemple , pour couper un bras du grand hunier , il faut savoir auparavant si on veut le mettre en avant comme les boulines , ou bien au mât d'artimon ; si on le veut double, ou simple.

Dans le cas où on le voudroit double , et en avant , ainsi que les bricks l'ont ordinairement , il faudrait déterminer auparavant la longueur du pentoire du bras ; prendre ensuite avec le compas les distances depuis la poulie du pentoire sous le vent jusqu'à la hune de misaine ; on doublerait cette longueur, on lui ajouterait celle comprise depuis le point de la hune de misaine où se trouve la poulie du bras jusqu'au pont , une fois seulement , puisque ce pli est simple ; et en laissant quelque chose de plus pour la facilité du tournage , on se trouvera avoir la longueur totale d'un des bras du grand hunier.

Lorsque ces bras vont en arrière , ils passent dans des poulies à pentoire placées au-dessous de la vergue sèche : ceci , pour un navire à trois mâts.

Une observation essentielle à faire , c'est que le cordage doit être bien alongé avant de le couper ; autrement il alongerait beaucoup , et selon qu'il se trouverait plus ou moins tordu , et que le chanvre en seroit plus ou moins bon.

Pour couper la drisse du grand foc, il faut prendre la distance qui sépare le point du beaupré où s'amure le foc , de la poulie en tête du mât de hune dans laquelle elle passe, et lui ajouter celle depuis cette même poulie jusqu'au pont. Ces deux distances , ajoutées ensemble , donneront la longueur de la drisse du grand foc.

On opérera de la même manière pour la drisse du petit foc simple ; si on voulait la mettre double, il suffirait de doubler la distance depuis le point du beaupré jusqu'à la poulie de drisse.

Il y a des manœuvres qui, pour en déterminer la longueur, demandent que la vergue soit haute, d'autres qu'elle soit basse : il résulte donc de-là que, pour couper un bras, une bouline, une cargue-point et les écoutes des huniers ou des perroquets, la vergue doit être haute, et qu'il faut au contraire qu'elle soit basse, si l'on veut couper les itagues, drisses, balancines et palanquins ; un peu d'intelligence et de pratique rend ceci facile.

On comprendra aisément que plus le plan sera grand, plus l'échelle sera grande et précise ; que, par conséquent, on pourra faire le trait de toutes les manœuvres avec plus de netteté et d'exactitude ; que les mesures, tant des manœuvres que des voiles, seront bien plus précises.

Il faut qu'un maître-d'équipage entende bien, non-seulement la coupe du grément d'un navire quelconque, mais qu'il connaisse encore parfaitement la grosseur de chaque manœuvre : il se trouve bien, dans les ports

maritimes, des tarifs tout faits des différentes grosseurs des cordages ; mais ces tarifs,
basés sur les proportions des vaisseaux de
l'Etat, ne conviennent pas souvent aux navires marchands qui ne sont pas construits
avec des proportions fixes. C'est pourquoi il
convient, avant de décider sur les grosseurs
des cordages, d'examiner la construction du
navire que l'on doit gréer ; juger, par sa
forme et ses proportions, s'il sera doux dans
ses mouvemens, s'il portera bien ou mal la
voile, afin de pouvoir s'assurer si l'on doit
ou non donner un grément fort ; mais néan-
moins, pour ce qui est des haubans, étais,
cables, etc., il est toujours bon de suivre
en quelque sorte les proportions suivantes,
sauf à différencier quelque chose en plus ou
en moins, selon que l'exigera la forme du
navire, le goût du capitaine, ou la navigation que l'on veut faire.

On se règle ordinairement sur le maître
bau, dont la moitié, réduite en pouces,
détermine la grosseur du maître cable. On
donne à la grosseur du second cable un pouce
de moins.

Le grand étai doit avoir, suivant les anciennes proportions, les deux tiers du maître cable ; mais si le navire est long, on doit considérer la longueur de l'étai, et donner quelque chose de plus ; car, en tout, l'extrême longueur diminue la force, et au contraire, s'il est plus court, il est plus fort. Il est aisé de s'en convaincre, en prenant un bout de corde d'une certaine longueur ; rompez-le, ce sera presque toujours à son milieu qu'il cassera, après avoir fait un certain effort. S'il est plus court, il ne rompra pas aussi aisément, et il faudra faire un effort plus grand.

Il ne suffit pas seulement de savoir couper le grément d'un navire, il faut aussi que le maître-d'équipage sache quels sont les objets qui doivent être garnis : tout ceci est encore soumis à la forme du navire ; celui qui, par sa construction, annonce des mouvemens durs, exigera des garnitures bien plus solides qu'un autre dont les mouvemens seraient doux.

S'il fallait traiter à fond la partie du grément, il ne suffirait pas d'un énorme volume ; car, dans l'art de la marine, on voit chaque jour des découvertes nouvelles, tant sur les manœuvres que sur le grément ; et encore jamais on ne parviendrait à le faire au goût de tous les marins.

La classe de maître-d'équipage peut se commencer à l'âge d'environ 30 ans.

CLASSE DE SECOND CAPITAINE.

A BORD de certains navires du commerce
(au petit et grand cabotage), le second Capitaine remplit en même tems les fonctions
de maître-d'équipage. Il est assez ordinairement l'ame du navire ; c'est lui qui veille aux
consommations, règle le travail, et qui dispose de tout, après avoir pris les ordres du
capitaine, qui s'en repose sur lui, lorsqu'il
le croit capable de s'en acquitter avec fidé-
lité, exactitude et intelligence.

Il doit veiller à ce que l'économie et la
discipline s'observent sur son bord ; il rend
compte au capitaine, des délits qui peuvent
s'y commettre par l'équipage.

C'est lui qui tient la note de toutes les
marchandises ou provisions qui entrent et
sortent du navire ; il est dépositaire des clefs
des approvisionnemens, et des marchandises
qui forment la cargaison ; il doit être instruit
de tout ce qui se fait dans le bord ; aussi

sort-il rarement , et jamais quand on tra-
vaille. C'est pour cette raison que le lieutenant , lorsqu'il y en a un , est toujours chargé des corvées extérieures.

Le second capitaine doit aussi avoir , outre
les connaissances d'un bon maître-d'équipage , celles du pilotage , et les mêmes talens
que le capitaine , puisqu'il n'a qu'un pas à
faire pour le devenir , si les circonstances le
favorisent.

Il est indispensable qu'il ait aussi des connaissances en fait de voilerie , afin , qu'au
besoin , il puisse couper et faire une voile ;
cette partie , qu'il convient si essentiellement
de connaître , est bien négligée par la plupart de nos marins ; on pourrait même dire
qu'elle en est méconnue , et il en est qui , par
leur insouciance , ne peuvent seulement parvenir à acquérir assez de jugement pour appercevoir les défauts qu'une voile peut avoir.

Pour bien prendre la mesure des voiles ,
on en a fait le tracé sur de très-grand papier ; par ce moyen on pourra trouver avec
précision les gaines , les doublures , les pattes , etc.

La voile la plus platte est préférée comme

étant celle qui reçoit avec plus de force l'impulsion du vent qui, lorsqu'il est fort, lui donne toujours assez de fond.

Mais il est toujours bon que la voile ait un peu de fond pour soulager les gaines, et c'est par la manière de ralinguer qu'on parvient à le donner; car si la ralingue employée est beaucoup plus courte que la gaine, ou, pour me servir du mot technique, s'il y a beaucoup de rembue dans les ralingues, la voile alors fera trop de fond, elle servira mal, et le vent s'y endormira dedans.

Si la ralingue de l'arrière a aussi trop de toile, cette ralingue ayant trop de roideur, fera faire trop de fond à la voile, et dans cette partie il se trouvera deux toiles qui, étant au plus près du vent, porteront à culer parce que le vent ne vuidera pas assez aisément de la voile.

Le ralingage consiste premièrement à bien alonger la ralingue, puis à la coudre sur la toile, en observant de remboire environ un pouce de toile par pied de ralingue; c'est-à-dire, que douze pouces de ralingue doivent contenir treize pouces de toile, et un peu plus; ceci est pour la ralingue du mât.

La ralingue d'envergure doit prendre demi pouce de toile par chaque pied.

La ralingue de l'arrière doit être plus molle que la toile ; c'est-à-dire que, sur 12 pouces de toile, il doit y entrer 13 pouces de ralingue, et enfin, pour la ralingue du fond, elle doit être égale, ou un peu plus molle que la toile.

Cette manière de ralinguer convient à toutes les voiles en pointes ; il en est tout autrement pour les voiles carrées.

En effet, les côtés d'une voile carrée représentant la ralingue du mât (puisque ce sont elles qui sont au vent et qui fatiguent le plus), doivent avoir un peu moins de toile rembue ; la ralingue de l'envergure ou l'entêture, la même chose qu'à la brigantine ; mais celle du fond, ou d'en bas, doit être aussi roide que les côtés, ou un peu moins. Il ne faut d'ailleurs, pour en juger, que remarquer les voiles, et leur effet, pour s'en faire une idée juste, à moins que d'en avoir l'usage.

On voit pourtant quelquefois des voiliers de routine qui, quoique ne connaissant pas les principes de leur état, font fort bien une voile. Le marin doit donc bien saisir et observer ce genre de travail, et recevoir les bons avis qu'on pourrait lui donner à ce sujet ; mais ordinairement les voiliers sont peu disposés à communiquer les connaissances de leur art, sur-tout pour la coupe, qu'ils considèrent comme un secret de la plus haute importance.

L'usage veut que l'on place les cargues-fonds, de manière à ce qu'ils passent en avant de la voile, ce qui la cargue fort bien ; mais j'ai observé que, lorsque par un vent frais la voile fait beaucoup le ventre, ces cargues-fonds, qui prennent son contour, frottent sans cesse sur la voile, et ne tardent pas à manger les coutures et à la percer. J'ai vu parer à cet inconvénient en mettant, sous le milieu de la vergue, une poulie dont l'épaisseur du rouet pouvait aisément recevoir les deux plis de la cargue-fonds. (Je parle de la grande voile carrée ou de la misaine.)

On avait mis cette cargue-fonds en arrière de la voile, et à branches dont la longueur égalait la hauteur de la voile en cette partie, dans un margouillet placé sur la voile renforcée à ce point par une bonne pièce ; et sur les branches, en arrière de la poulie, était un petit palan à trois garans au moyen duquel un homme pouvait carguer la voile. A la vérité, par cette manière, elle ne cargue pas aussi facilement que par la méthode ordinaire.

C'est sur-tout de gros vent-arrière qu'on éprouve le plus de peine à la carguer ; mais comme on n'est pas dans le cas de la serrer fort souvent, et qu'elle reste presque toujours appareillée, on a l'avantage de la voir se conserver plus long-tems.

Si dans un vent arrière, ou même au plus près du vent, on prévoyait avoir trop de peine à serrer cette voile, on pourrait, avant toute chose, prendre une poulie à fouet, la frapper sous la hune, et le bout d'une drisse de bonnette qui pendrait en avant de la voile ; on porterait cette drisse en la passant par dessus la voile pour la passer dans cette poulie, et le bout viendrait en bas. Cette cargue, que l'on nomme dégorgeoire, étoufferait fort bien la voile ; mais on n'a pas besoin d'en venir souvent à cette extrémité.

Quand un foc a le point d'écoute fort bas,

c'est un grand défaut, et duquel beaucoup de voiliers ont de la peine à se corriger ; alors cette voile ne bordant pas assez bien au plus près du vent, la partie de l'arrière bat continuellement, se déralingue et se déchire souvent, au lieu que, quand le point d'écoute est un peu relevé, le foc établit mieux, l'écoute le tenant en respect. (5)

Lorsqu'on prend mesure d'une voile, il faut observer aussi que, puisqu'elle doit allonger, il faut diminuer sa surface ; c'est-à-dire que si, par exemple, un hunier peut hisser à toute hauteur sur son mât de vingt-cinq pieds, il ne lui faut donner que vingt-deux ou vingt-trois pieds de chûte étant neuf, puisqu'il alongera bien de cette diminution par la suite.

Il est à remarquer que toutes les voiles n'alongent pas de la même quantité, ni que la même voile alonge également dans tous les sens. Si un hunier alonge dans sa durée de trois pieds sur sa chûte, il en alongera tout au plus la moitié sur sa bordée.

Un foc, ou voile d'étai, soutenu par l'étai ou la draille, n'allongera pas autant ni aussi vite que s'il n'avait point de draille.

CLASSE DE CAPITAINE.

L E capitaine ne doit pas borner ses connaissances à celles du pilotage, non plus qu'à
celles déjà énoncées ; il doit aussi faire par
lui-même des observations générales pour
son état, en tenir des notes bien circonstan-
ciées pour lui servir au besoin, et ne se jamais trop fier à sa mémoire, qui pourrait
bien ne lui être pas toujours fidèle.

Il ne doit jamais entrer ni sortir d'un port,
sans prendre connaissance des marques qui
lui en indiquent les passages, pour que,
dans le cas d'un vent forcé, et qu'il fut obligé d'y revenir sans pouvoir se procurer de
pilote, ce qui arrive quelquefois, il puisse
se piloter lui-même, et par ce moyen, prévenir s'il se peut un naufrage.

Comme chaque port, chaque ville maritime, a ses usages locaux, il convient assez
qu'un capitaine les recueille avec soin.

Un capitaine doit être sobre, et à même

de répondre à tous, dans quelque instant que ce soit. Il doit veiller aux intérêts de ses armateurs, faire ensorte que rien ne se perde, ne se brise, ni ne se consomme mal-à-propos ; que le navire qui lui est confié ne dépérisse pas faute de soins et d'entretien.

Il doit, autant qu'il lui sera possible, s'entourer de bons officiers et de bons matelots, être à leur égard doux, complaisant sans mollesse, ne leur faire aucune injustice, leur donner bien exactement ce qui leur est dû, mais rarement du superflu ; leur passer de légères fautes, et sévèrement punir les graves. Il doit, en un mot, se faire aimer et craindre.

Fidèle à son prince, à ses devoirs, en donnant l'exemple du courage et de la bravoure, il n'est aucun de son équipage qui n'ait en lui confiance dans le danger, et ne lui voue respect et obéissance sans bornes. Avec la fermeté d'une volonté bien prononcée, il fera rentrer dans la soumission et le devoir celui qui pourrait s'en écarter.

Il ne doit point se faire un jeu de la fatigue de ses matelots (6), ni les tracasser par de folles manœuvres ; il doit, au contraire,

D

bien s'assurer de celles qu'il veut faire exécuter, avant de les commander ; car rien ne diminue autant la confiance et la sécurité d'un équipage que les demi-manœuvres que souvent on lui fait faire. (7) L'exécution doit toujours en être prompte.

Un capitaine est *Roi sur son bord*. Cette qualité de chef suprême lui impose l'obligation sacrée de veiller à la sûreté des hommes qui lui sont confiés ; s'il a la perspective d'un naufrage inévitable, il ne quitte le vaisseau que le dernier , et après qu'il a pourvu au salut des siens ; et si , dans un combat, ses gens l'abandonnent, il doit préférer l'esclavage, la mort même , à la honte de quitter son poste. L'ennemi, quel qu'il soit, honore la bravoure ; mais il voue au mépris le plus flétrissant le capitaine qui ne sait pas soutenir la gloire de son pavillon. (8)

GRÉMENT DE LOUGRE.

Comme tous les marins, sur-tout ceux des ports du midi, n'ont pas une connaissance parfaite du grément et de la voilure des lougres, je vais les leur détailler ici. C'est l'espèce de bâtiment qui exige le plus d'attention quand on le manœuvre.

Grément de Lougre. *(Pl. 5.)*

Mât de Beaupré. 1.

Ce mât se place bien horizontalement ; sa garniture consiste en deux haubans à palan qui se crochent au lien de l'extrémité du mât, et les poulies des palans de ces haubans sont crochées tribord et babord à des pitons placés en avant des porte-haubans de misaine.

Dans les lougres de moyenne grandeur, l'amure du foc sert de sous-barbe ; elle passe dans le clan de beaupré, et revient sur l'avant en passant dans une galoche fixée à babord de l'étrave.

La drisse de foc est à cosse ; en la crochant an croc d'amure qui est au rocambeau, elle fait étai lorsque la voile n'est pas appareillée ; cette drisse, qui a une poulie à deux garans, passe dans un clan à tête de mât de misaine, et descend le long de ce mât à babord.

Pour rentrer le foc, on se sert d'un hale-bas en patte-d'oie, maintenu par un bon amarrage de chaque côté du rocambeau, et qui tombe avant en venant tout le long du beaupré ; il suffit pour cela de larguer son amure.

Matré, ou Mât de Misaine. 2.

Ce mât a deux haubans de chaque côté ; ils sont faits à candelette ou à bastaque ; il a de plus deux palans de candelette : son étai est à cosse, et se ride sur la tête de l'étrave au moyen d'un bout de quarantenier.

La tête de ce mât est garni d'un lien en fer ; il y en a un autre au-dessous du capelage. Ces deux liens sont destinés à recevoir le petit mât de hune. Le lien du capelage est carré, vu que le pied du mât de hune est carré à sa caisse.

L'*itague de misaine* est en cordage blanc et à quatre torons ; l'un des bouts de cette ·itague tourne autour de sa poulie de drisse , arrière du mât, laquelle drisse a l'autre poulie crochée au pied et arrière de ce mât. L'autre bout de l'itague , qui se termine par un cul-de-porc double et bien garni en basane , passe dans l'œil du collier ; ce collier a un croc mobile sur lequel on suspend la vergue de misaine par son estrope.

La *vergue de misaine* 3 , est estropée, au tiers de sa longueur , vers le gros bout ; à chacun des bouts est pratiqué un trou dans lequel passe un cordage à cul-de-porc en dessus. On appelle ces cordages , bras ; ils servent d'écoutes aux huniers.

Un cartaheu de tête de mât sert de balancine à la vergue.

Les écoutes de la voile de misaine passent dans une poulie à émérillon : lorsque la voile est serrée, ces écoutes se crochent tribord et babord , dans les haubans.

Il en est de même pour les écoutes de grande voile.

Petit Mât de hune. 4.

Ce mât se grée par un gal-hauban de chaque côté, une guinderesse, un étai, la drisse de son hunier, et le dran, qui en même tems sert de raccage. Le hâle-dran, espèce de hâle-bas, vient arrière du mât.

Quand on veut guinder le mât de hune, on le hisse au moyen de sa guinderesse, et lorsque sa flèche a dépassé le blin de la tête de mât de misaine, on passe le dran, on caple les gal-haubans, l'étai, et on passe la drisse. On continue à hisser, et quand il est près d'être rendu, on dresse la clef, et dès qu'elle a dépassé le blin, on la met dans la position horizontale qu'elle doit avoir.

Vergue du petit hunier. 5.

C'est sur cette vergue que se met la voile appellée petit hunier, et qui se place au-dessus de la misaine.

Cette clef est en fer, et mobile dans la caisse du pied du mât auquel se trouve un bon talon, pour empêcher que ce même pied ne sorte hors du blin par l'effort que l'on fait en hissant. La clef se meut au moyen de deux petites chaînettes qui sortent de l'intérieur du pied de ce mât ; cette clef dépasse le blin d'environ un pouce de chaque bord.

Grand Mât. 6.

Ce mât, qui a le même grément que celui de misaine, lui est proportionné quant à la grosseur et à la longueur ; son étai se ride à un piton rivé sur le pont, et à environ cinq pieds arrière du mât de misaine.

Grande Vergue. 7.

La grande vergue se grée et s'installe de la même manière que la vergue de misaine ; un cartaheu lui sert aussi de balancine.

Grand Mât de hune. 8.

Ce mât a le même grément que le petit mât de hune ; son étai passe dans une poulie estropée au blin du capelage du mât de misaine.

Vergue du grand hunier. 9.

C'est sur cette vergue que l'on met la voile appellée grand hunier.

Mât de tapecul. 10.

Le mât de tapecul a aussi deux haubans, son itague et sa drisse ; mais cette dernière vient d'une manière opposée à celles des autres mâts, c'est-à-dire, que les poulies des drisses se trouvent en avant du mât.

Vergue de tapecul. 11.

Cette vergue a aussi le même grément que les autres vergues ; mais son estrope est placée au quart de sa longueur, vers le gros bout.

Queue de tapecul. 12.

Cet arc-boutant a deux haubans à pentoires qui, comme ceux du beaupré, se crochent tribord et babord à des pitons, sur la préceinte. L'écoute de cette voile a son dormant sur l'extrémité de cet arc-boutant, elle passe dans sa poulie, retourne dans le clan de l'arc-boutant pour revenir à bord.

Vergue de pantalon. 13.

C'est sur cette vergue que l'on place la voile appellée pantalon.

VOILURE DE LOUGRE.

Les voiles du lougre sont : le *Foc, a,* (Planche 5) la *Misaine, b,* le *petit Hu-*

nier, c , la *grande Voile*, d , le *grand Hunier*, e , le *Tapecul* , f , le *Pantalon* , g.

Le Foc.

Le foc se hisse au mât de misaine, et s'amure au bout du beaupré. Cette amure se porte à volonté sur tous les points de ce mât, au moyen de son rocambeau.

La Misaine.

Si on veut hisser cette voile au plus près du vent, ou largue, on la met en dedans de ses haubans. Son point d'amure se croche à l'un des trois crocs placés sur la *chique* , sorte de barre de fer placée en dehors et près de la tête de l'étrave.

Cette voile ne porte pas de bouline ; quand on veut l'orienter au plus près du vent , on se sert d'une foule, son écoute passe dans un rouet en avant des grands porte-haubans.

On doit bien étarquer cette voile, et l'amurer, avant de border son écoute.

Le petit Hunier.

Cette voile se hisse au moyen de sa drisse, qui passe dans l'œil de son dran ; les points de cette voile ont chacun une cosse pour re-

D *

cevoir les bras de misaine qui lui servent d'écoutes. Ordinairement cette voile n'a pas de bouline ; en la hissant, on la dispose en-dehors des bas-haubans , et en-dedans de ses gal-haubans.

La grande Voile.

La grande voile amure à des crocs à émérillon placés tribord et babord le long du navire , en arrière des haubans de misaine et en dedans du bord. On la hisse , comme la misaine , en dedans des haubans ; elle se bouline autour du mât de misaine.

Le grand Hunier.

Cette voile se hisse et se manœuvre comme celle de petit hunier ; elle se bouline autour du mât de misaine.

Le Tapecul.

Ainsi que les autres basses voiles, le tapecul se hisse en dedans de ses bas-haubans ; elle s'amure au pied de son mât , et se borde à son arc-boutant ; cette voile n'a point de bouline.

Le *Pantalon* , autrement nommé Hunier

de tapecul, se hisse et se borde comme les huniers.

Taille-vents.

Ces voiles ne se mettent d'ordinaire que pour capeyer, et remplacer la grande voile et la misaine ; leur estrope de drisse est placé au quart de la longueur de la vergue ; elles amurent au pied du mât. On les hisse au moyen de candelettes, parce que les autres voiles restent crochées à leurs itagues.

MANOEUVRE
DES VOILES DE LOUGRE.

Le foc et le tapecul sont les premières voiles que l'on met dehors quand on appareille.

Quand on veut appareiller toutes les basses voiles, on doit, si c'est pour louvoyer, les disposer de manière à ce que le tapecul et la misaine soient portés sur le mât ; lorsqu'on vient à prendre le vent à l'autre bord, il ne faut alors que changer l'écoute de misaine, celle du foc et la foule. On ne touche pas du tout aux amures ; la grande voile est toujours orientée sous le vent du mât, lorsque les autres le sont dessus, et *vice versâ*.

Quand les bordées sont courtes, on n'amène que peu la grande voile pour la changer ; on décroche seulement le point d'amure, que l'on croche au bord opposé ; on fait le même changement au point d'écoute ; on réoriente aussi la bouline.

A mesure que le vent adonne, et qu'il devient largue, on porte arrière les points d'amure de grande voile et de misaine, et on file un peu les écoutes, ainsi que les garans des haubans de sous le vent.

Si l'on doit courir vent arrière, on amène un peu les basses vergues, afin de les dépasser en avant des haubans de leur mât (excepté la vergue de tapecul qui reste toujours à sa place), et on *perche* les points d'écoute. Ces voiles ainsi mises en ciseau, c'est-à-dire bordant à tribord et à babord, prennent mieux le vent. Les perches reçoivent les écoutes, et ont une retenue par l'avant.

Cette position des voiles est la plus délicate que je connaisse, sur-tout dans un bon frais de vent ; elle exige toute l'attention du timonnier ; la moindre distraction peut faire mettre les voiles sur le mât, et alors qu'il a coiffé, il faut qu'il démâte, chavire, ou se trouve fortement engagé.

Dans tous les cas, lorsqu'on fait route, le foc doit être toujours appareillé.

RISER LES VOILES DE LOUGRE.

A bord d'un lougre, les ris se prennent au bas des voiles, et de la manière suivante.

Quand les voiles sont amenées, on croche à la cosse du ris que l'on prend, la poulie d'écoute; et l'amure de ce même ris se croche à un des pitons destinés à cet usage, et venant de l'arrière. Pendant ce tems on noue les garcettes, ayant soin de mapper la toile sans la rouler.

On change de foc à chaque ris que l'on prend.

CHASSE DE LOUGRE VENT-ARRIÈRE.

Dans un fort vent-arrière, il n'est pas difficile à un navire à voiles carrées d'échapper à la poursuite d'un lougre qui serait dans ses eaux, sur-tout si la course n'est pas longue; il ne faut, pour cela, que prendre le vent un peu de côté.

Le lougre chasseur est obligé, pour avoir le vent de côté, d'amener une de ses basses voiles, pour orienter largue; mais si, lorsqu'il a orienté, le navire carré arrive assez pour prendre les amures à l'autre bord , le lougre , pour imiter cette manœuvre , est forcé d'amener et de dépasser sa grande voile.

Le tems qu'il met à recrocher l'amure de cette voile , son écoute , et à la hisser de nouveau , lui a fait perdre du chemin , tandis qu'au contraire , son adversaire en aura gagné sur lui , puisqu'il aura fait sa manœuvre par le secours seul de ses bras et de ses écoutes ; et si , lorsque le lougre est orienté , le navire carré recommence cette même manœuvre , il pourra encore gagner du chemin.

Mais si le capitaine du lougre est manœuvrier , il ne s'amusera pas à imiter la manœuvre du navire carré ; car une fois qu'il aura pris les amures sur un bord , il continuera sa course jusqu'à ce qu'il l'ait amené par son travers ; alors il courra sus.

DU CUTTER.
(*Planche* 6.)

DE tous les navires à voiles latines le Cutter, par sa construction et sa voilure, est celui qui manœuvre le plus facilement, qui offre le plus d'avantages pour la marche, et qui approche le plus du lit du vent. La route qui donne le plus de vîtesse est le plus près, plein; lorsqu'il cingle sous ses basses voiles, il ne court jamais le risque de les voir masquer sur le màt.

Ses voiles latines, à l'exception de la grande voile, ne font point grand effet dans un vent arrière; mais alors on appareille le hunier, et la voile de fortune; et pour que le vent enfle bien cette dernière voile, on cargue bien haut le point d'amure de la grande voile.

Cette espèce de bâtiment est fort en usage dans les mers du Nord, et sur-tout en Angleterre.

Dans l'Amérique septentrionale et aux Bermudes, on excelle pour la construction de ces navires.

Grément de Cutter.

Ainsi que le beaupré du lougre, le mât de beaupré du cutter est placé dans une position horizontale.

Le grément de ce mât consiste en deux haubans à palan que l'on croche ou caple à son extrémité, et desquels les poulies viennent tribord et babord à des pitons placés en avant des porte-haubans de son grand mât.

La *Soubarbe* passe, comme celle des lougres, dans une galoche fixée au côté babord de l'étrave, et remonte sur l'avant : on la roidit au moyen d'un petit palan.

Par le secours d'une amure, le rocambeau sert à porter à volonté le point d'amure du foc ; cette voile se serre toujours sur son mât.

Le *Foc*, f, est envergué à son étai ou à sa draille, avec des cosses en fer, sa drisse se frappe par le moyen d'une poulie simple, à cosse ; son hâle-bas passe dans les cosses, comme à bord des autres navires. Ses écoutes sont aussi frappées de la même manière.

La *Trinquette*, *e*, de même que le foc, s'envergue à un étai qui vient se rider à tête de l'étrave. Le point de l'écoute de cette voile est assez généralement fixé à un grand anneau en fer placé à une traverse sur le pont et en avant du grand mât, et de manière qu'à tous les changemens d'amures, sa mobilité lui permette de se changer d'elle-même.

Cette voile a aussi une bouline; mais elle est placée à sa ralingue de chûte; cette bouline se hâle au premier hauban du vent au grand mât, lorsqu'on veut mettre en travers.

Du grand Mât.

Ce mât se grée assez communément de trois haubans, tribord et babord, et à enfléchures : à la tête de ce mât on guinde un mât de hune, qui se trouve supporté en clef par ses barres, et assujetti par son chouquet. Il est assez généralement placé en avant.

Le *bas Mât* est aussi gréé de ses candelettes, et ses haubans le sont de poulies de conduit. A tête de ce mât passent les drisses de foc et de trinquette, et les balancines de la vergue sèche.

La *Vergue sèche*, que l'on nomme aussi *Vergue de fortune*, n'a pas besoin de marche-pied ; elle a, comme toutes les autres vergues carrées, deux balancines ; lorsque le hunier est serré, elle s'appique toujours au vent.

Le *Mât de hune* est gréé par ses haubans et gal-haubans ; ces derniers se mettent dans la coche que forme une des barres (souvent on se sert d'un arc-boutant), afin de mieux l'appuyer, lorsque le navire donne la bande. Ce mât de hune se met en clef en avant de son bas mât ; sa vergue est gréée de ses marche-pieds, de ses bras et balancines : les bras vont passer à l'extrémité du mât de beaupré, et reviennent sur l'avant tout le long de ce mât.

La *Bomme*. L'extrémité intérieure de la bomme est supportée au grand mât, et à hauteur d'environ quatre pieds du pont, par un taquet en forme de croissant sur lequel elle tourne, selon que sont les amures ; cette partie est embrassée au mât par un cordage qui forme une espèce de raccage.

A l'extrémité extérieure de cette bomme, sont deux balancines qui viennent à appel de la tête du grand mât ; c'est entre ces deux balancines que l'on met toujours la grande voile, lorsqu'on veut l'appareiller. Sans cette précaution, si on courait largue, ou vent arrière, il faudrait des efforts infinis pour la hâler vers le centre, ou la dépasser à l'autre bord ; tandis qu'au contraire étant, comme je l'ai déjà dit, entre les balancines, elle rentre naturellement, en bordant, sur la grande écoute.

La *grande Écoute* est un cordage qui passe dans deux poulies à doubles rouets, dont l'une estropée à une barre en fer en dedans du couronnement, et mobile au moyen d'une cosse, et l'autre sur la bomme à l'appel de cette partie du navire, et aussi mobile par le moyen de son estrope. Le taquet qui renferme cette même estrope, renferme aussi le dormant du pentoire de retenue.

La *Corne du pic* est gréée à-peu-près comme celle d'un brick.

La *grande Voile*, *a*, s'envergue aussi comme celle d'un brick, et par le moyen de ses bagues.

On ne met point de bagues aux œillets de

la voile compris depuis le point d'amure à la cosse du premier ris ; on se contente de lacer cette partie par un raban. Cela donne la facilité de prendre les autres ris, et de carguer son point d'amure.

Cette voile se hisse et s'amène au moyen de ses drisses, comme celle d'un brick.

Pour amurer cette voile, on croche un petit palan à trois garans à la cosse du point d'amure, et on le passe par-dessus la bôme. Quand on revire de bord, ce même point d'amure se trouvant en dessous, on change ce palan, et on le remet en dessus.

Riser la grande Voile. Quand on veut prendre des ris à la grande voile, on l'amène un peu, on croche le palan d'amure à la cosse du ris désigné, et on palanque sur l'i-tague de ce même ris ; ensuite on noue les rabans de ris, en mappant la toile, comme dans les lougres.

A chaque ris, on rentre le mât de beaupré d'une clef, et on change le foc que l'on remplace par un plus petit.

Les *itagues de ris* de la grande voile sont faites et disposées de manière à pouvoir y frapper un petit palan à trois petits garans.

La *Voile de fortune*, *b*, aussi nommée *Vent-arrière*, se hisse par le moyen de deux cartaheus et d'une drisse ; elle a ses amures, écoutes et boulines.

Le *Hunier*, *c*, a deux cargues-points, et une cargue-fond en patte-d'oie. Ses boulines vont passer au bout du mât de beaupré, dans les poulies où passent les bras de sa vergue.

La Flèche en queue, *d*, se hisse à tête de mât, se borde à l'extrémité extérieure du pic, et s'amure au mât.

On ne met cette voile légère que dans le beau tems.

Le cutter, pour mettre en panne sous ses basses voiles latines, n'a besoin que de carguer le point d'amure de la grande voile, et traverser la trinquette au vent.

———

DU BRICK.
(Planche 7.)

De tous les navires à voiles carrées d'une moyenne grandeur, celui qui présente à-la-fois la légèreté de construction et celle du grément, la solidité, l'avantage de la marche, la facilité de la manœuvre, et qui exige peu d'hommes pour équipage, est le Brick.

Sa construction lui permet de parcourir toutes les mers ; les proportions de sa mâture, bien ordonnées, font qu'il se retire mieux, ou moins mal qu'un autre, d'une position critique, lorsqu'il s'y trouve engagé. Aussi l'Etat donne-t-il, en général, ce grément aux avisos ; et le commerce, à la plupart des navires qu'il emploie à la navigation du grand cabotage ; il en emploie même beaucoup pour celle des Colonies.

DU PORT ET DE LA RADE DE DUNKERQUE.

L A ville de Dunkerque, grande, belle et commerçante, est située sur un terrein fort bas et sablonneux, qu'on ne peut appercevoir que de deux lieues au large.

Dans le nord de la ville est un port, dont l'entrée entre deux jettées de fascinage est fort longue, et située à-peu-près nord et sud. Le port fait ensuite vers l'ouest.

Le bassin, reconstruit en 1795, est au fond du port, et peut contenir une trentaine de navires qui, au moyen des magasins qui entourent ce bassin, y sont bien abrités.

Le port était autrefois assez profond pour qu'il pût y entrer des frégates ; mais depuis que par un traité fait avec l'Angleterre, il fut démoli, ainsi que ses jettées, il s'est presque comblé, au point que, dans les grandes marées, il n'y monte guères que 15 à 16 pieds d'eau, et dans les mortes eaux,

11 à 12 pieds ; de manière qu'en ce tems les bâtimens tirant plus de 10 pieds d'eau, sont pour peu que la mer soit grosse, obligés d'attendre en rade qu'il y ait du revif. Car il s'est formé droit à l'entrée du port, un banc de sable plat qui assèche en plusieurs endroits.

Le port de Dunkerque garde son plein assez long-tems, pour qu'il puisse y entrer et sortir une assez grande quantité de navires à la même marée.

POUR ENTRER DANS LE PORT.

Une observation bien essentielle à faire, quand on entre dans le port, c'est que la mer y monte cinq à six heures, selon le vent régnant ; mais, en rade, quoique la mer monte, le jusant porte toujours vers l'ouest ; et le flot ne commence à porter à l'est, que deux bonnes heures et demie après que la mer commence à monter dans le port ; ce qui fait que, quand on y entre, on doit bien faire attention à se méfier du courant qui, passant par dessus le fascinage de l'ouest, vous porterait avec violence sur celui de l'est ; c'est pourquoi, plutôt que de gouverner droit

E

au milieu du chenal, on prend deux ou trois quarts à l'ouest pour faire tête à ce courant, et ce, selon la force du vent et sa direction : puis on suit les balises d'un bout à l'autre.

Ce n'est donc que près de trois heures après que la mer baisse dans le port, que le flot manque en rade ; et le juzant, qui est assez vif, ne commence à prendre sa force, que quand la mer est presque basse dans le port, où il ne reste presque pas d'eau.

De la Rade.

Cette rade s'étend bien deux lieues de l'est à l'ouest ; mais la plus ordinaire est vis-à-vis le port, ou un peu plus ouest ; elle est formée par des bancs de sable, dont le plus haut et le plus près de terre est le Brack (9) qui, dans les grandes marées, assèche en plusieurs endroits. Il est éloigné de la terre dans le nord de la ville d'une bonne demie-lieue, et s'étend, depuis le travers de Mardick jusques passé Zucotte, qui est à deux lieues à l'est du port de Dunkerque ; on mouille dans toute cette distance, entre la terre et ce banc, par 6 à 7 brasses d'eau à basse mer. La profondeur se trouve plus près du banc que de la terre : le fond est par-tout de sable, excepté à la partie de l'ouest où il est de vase.

Les grands navires, qui sont pour demeurer quelque tems ancrés sur la rade, mouillent assez ordinairement dans l'est du port, entre la ville et le fort blanc ; parce que cette partie étant moins fréquentée, est moins sujette à avoir dans le fond des corps durs qui coupent les cables, tels que des ancres perdues ou des morceaux de bois ; et d'ailleurs, comme c'est là, vis-à-vis, que le banc assèche, il y donne un peu plus d'abri de la mer.

Un peu dans l'est du port, en prenant la balise la plus au nord des fascines de l'ouest, un peu ouverte dans le sud du clocher de *petite Sainte*, et le corps-de-garde de la chaîne, un peu ouvert dans l'ouest du coin-ouest du magasin général, est une carcasse sur laquelle on doit bien faire attention de ne pas mouiller, car on ne pourrait retirer l'ancre.

On voit par ce qui vient d'être dit, que la rade de Dunkerque n'est pas fort bonne ; car elle est à découvert des vents, depuis l'est jusqu'à l'ouest, passant par le nord, qui y donne à plomb. Cependant, comme la tenue y est sûre, (le fond y étant de sable fin) les navires, qui ont de bonnes ancres et de bons câbles, y résistent, quoiqu'ils n'en souffrent pas moins dans le tems de pleine mer ; de manière que, durant six heures, on y a, dans un gros tems, la mer extrèmement grosse, et les six autres heures, elle l'est beaucoup moins, étant brisée par les bancs.

* * *

POUR ENTRER EN RADE.

Si l'on porte la pleine mer dans un navire tirant dix à douze pieds d'eau, l'on peut forcer sur la terre, et passer sur tous les bancs, soit de grande mer, soit de morte-eau ; mais si, au contraire, l'on portait basse mer, il faudrait prendre l'une des passes de l'est ou de l'ouest, selon la place, où l'on serait, et le vent qui régnerait.

Reconnaissance.

Lorsqu'un navire vient du large, avec un tems clair, il apperçoit d'abord la tour de Dunkerque, qui, étant fort haute et seule de son genre peut se voir de cinq à six lieues.

En approchant, on découvre derrière, à l'ouest d'icelle, une terre asses haute, qu'on nomme le *Mont de Cassel*, à cause de la ville de ce nom qui est bâtie dessus.

On distingue, à cette montagne, deux monts qu'on nomme *grand* et *petit Cassel*; le *grand Cassel* est celui de l'ouest; et le petit, celui de l'est. Ils servent d'amers pour les passes, comme on le verra. Si l'on se trouve à l'est ou à l'ouest de la ville, on apperçoit plusieurs clochers derrière, qui sont ceux de la ville de Bergues.

Dès qu'on n'est plus qu'à trois ou quatre lieues de terre, on commence à appercevoir les édifices les plus élevés de la ville; tels que les clochers et magasin général de la marine, à l'ouest de la ville, auquel sont plusieurs moulins.

BANCS DE FLANDRE.

Les Bancs, dits de Flandres, sont au nombre de cinq.

1°. Le Tarter, éloigné de terre de sept lieues, sur lequel il reste à basse mer trois brasses d'eau.

2°. *Le Tinder-Tarder*, distant de terre de quatre à cinq lieues. Il reste dessus quatre pieds d'eau.

3°. *Le Klin-Cassel*, distant de la terre de trois lieues. Il reste dessus trois ou quatre pieds d'eau.

4°. *Le Brée-banc*, distant d'une bonne lieue. Il reste dessus quatre ou cinq pieds d'eau.

5°. *Brack*, distant de terre d'une demi-lieue, sur lequel il reste aussi, à basse mer, très peu d'eau, asséchant même en certains endroits, comme il a été dit.

Entre ces deux derniers, il y en a un autre nommé le *Small-banc*, sur lequel il reste neuf ou dix pieds d'eau. Il vient se perdre au nord de Dunkerque.

On sent bien, que, même de pleine mer, ces bancs doivent toujours marquer, soit par les brisans, soit par le courant qui tourbillonne au-dessus ; aussi est-il toujours facile d'en avoir connaissance ; et quoiqu'il soit à craindre, dans un gros tems, d'y recevoir de mauvaises lames, on ne doit pourtant pas refuser d'y passer de pleine mer, pour éviter un plus grand danger, en y restant à mer basse.

La rade est donc, comme il a été déjà dit, entre la terre et le banc nommé le Brack, qui en est le plus près ; et lorsqu'on se dispose à entrer dans le port, on doit, sur-tout quand le vent est de la partie de l'ouest, se mouiller beaucoup à l'ouest ; afin que, quand il est tems d'entrer, on puisse avoir celui de lever son ancre et d'appareiller, pour n'être pas exposé à dépasser le port, par la force du flot contre lequel on ne pourrait gagner.

Si, dans un beau tems, on se trouvait entre deux bancs, et qu'il n'y eût pas assez d'eau pour venir en rade, on mouillerait là pour attendre la mer montée.

On peut aussi entrer en rade par les passes de l'est et de l'ouest ; cette dernière est la meilleure, y restant de basse mer treize à quatorze pieds d'eau. Ces passes étaient autrefois marquées par des tonnes ; mais on les a ôtées dans la guerre pour contrarier l'ennemi.

Passe de l'Est.

Pour entrer dans la rade de Dunkerque , par la passe de l'est, si vous êtes à 3, 4, 5 lieues , ou plus , au large de la terre , cinglez sur elle en tenant la montagne de *Cassel* ouverte dans l'est de la ville de Dunkerque , ou les clochers de Bergues par la plus haute dune qui est à l'est de Dunkerque ; cette dune se nomme *Coppart*. Cinglez sur cette marque jusqu'auprès du *Small banc*, en sondant souvent, et vous mouillerez là , par 8 à 10 brasses d'eau, fond de sable (comme par-tout ailleurs) pour y attendre de l'eau montée en proportion de ce qu'il en faut au navire ; car il n'y a aucun passage en cet endroit, à basse mer.

Mais , venant de l'est , pour venir en rade par la passe de l'est et à basse mer , il faut d'abord cingler droit sur Nieuport jusqu'à 2 petites lieues de la terre , sondant souvent à cause des bancs qui sont au large de la côte. De-là faites route à l'O. S. O. du compas , vous tombez entre les bancs de terre dont il vient d'être parlé , et un autre banc au large sur lequel il reste en cette partie de neuf à dix pieds d'eau ; c'est le bout du *Small banc* qui commence là , et qui vient se perdre dans les bancs dont j'ai parlé ci-dessus. Continuez cette route de l'ouest-sud-ouest , toujours la sonde à la main , jusqu'à ce que la tour de *Zucotte* (qui est carrée) vous reste entre les deux plus grands clochers de Bergues ; mais si c'était dans un navire tirant plus de 10 pieds d'eau , il faudrait ouvrir davantage les clochers de Bergues à l'ouest de la tour de *Zucotte* , et même dans l'ouest d'un corps-de-garde qui est à l'ouest de cette tour. D'ailleurs vous appercevez trois clochers, dont deux sont à Bergues , et l'autre est celui de *Chox* ; mettez-les tous trois en forme de triangle , et gouvernez dessus : ils vous paraîtront alors dans l'ouest de ladite tour , à distance d'une encablure. Cinglez là-dessus , jusqu'auprès de la terre , que vous approcherez le plus possible , s'il y a jusant , pour n'être pas porté sur le bout du Brack ; et suivez la côte par 4 à 5 brasses d'eau jusqu'en rade , où vous mouillerez un peu à l'ouest du port par 7 brasses d'eau fond de sable vaseux.

E *

Passe de l'Ouest.

En venant du large avec un vent d'ouest jusqu'au nord, et si on a la tour de Dunkerque au sud-sud-est, du compas 5 lieues, on peut approcher la terre encore de deux lieues ; en sondant souvent, on trouve le banc nommé *Pollars van de dick*, sur lequel il ne reste que 5, 6, 7, 8 et 10 pieds d'eau.

Lorsqu'on commence à trouver ce banc à trois ou quatre brasses d'eau, on n'en est pas éloigné, et pour peu qu'il y ait de mer ou de courant, on l'apperçoit aisément.

Lors donc qu'on est auprès de ce banc, on cingle à l'O. S. O., jusqu'à ce que les clochers de Bergues vous paraissent ouverts quatre longueurs de navire dans l'ouest des trois grosses dunes qui sont à l'ouest de la ville de Dunkerque ; alors on cingle au sud jusqu'à ce que, par la sonde, on trouve le *Brée-banck*, par 4 à 5 brasses d'eau ; et continuant encore cette route, on prendra le clocher de *petite Sainte* (qui est celui le plus proche de Dunkerque) entre les deux monts de *Cassel* ; cette route conduira à l'ouest du

Brée-banck, et à l'est du *Snaut*, autre banc à l'ouest de la rade de Dunkerque, qui s'étend au nord un bon quart de lieue. En approchant la terre par cette route, on revient le cap au S. E. ou sur la tour de Dunkerque, puis à l'est. Quand on est rendu à-peu-près dans le N. N. O. ou N. O. quart N. de la tour, on mouille, comme il a été dit, par 7 brasses d'eau de basse-mer, et 10 à 11 brasses de pleine mer selon les marées.

En venant de l'ouest, ou de Calais, selon le vent, on vient chercher la terre au large de Gravelines ; de-là on cingle à l'E. quart N. E., jusqu'à ce que le clocher de *petite Sainte* reste entre les deux monts de Cassel. On se trouve, en cinglant sur ces marques, entre le bout de l'O. du *Brée-banck* et le *Snaut*. Pour le reste, on agit comme il a déjà été dit.

La marque pour passer au nord de la pointe du *Snaut*, est d'ouvrir le clocher de Gravelines deux brasses dans le nord des dunes, que l'on nomme communément Pointe de Gravelines ; car si on le fermait, on irait sur ce banc sur lequel il ne reste pas beaucoup d'eau.

Si , par un tems couvert, on ne pouvait appercevoir les montagnes de *Cassel*, pour les prendre par le clocher de la *petite Sainte*, il faut alors se guider par les clochers de Bergues, en les tenant, comme il vient d'être dit, ouverts dans l'ouest des dunes qui sont à l'ouest de la ville de Dunkerque, et gouverner dessus avec l'attention de sonder souvent.

Mais comme , malgré ce raisonnement qui est exact, on pourrait se tromper, il convient mieux d'attendre , s'il est possible , l'heure de la pleine mer, pour passer librement sur tous les bancs ; alors il n'y a rien à craindre.

ENTRÉE DE NIEUPORT.

Ce port est presque comblé, la jettée de l'ouest étant presqu'entièrement couverte de sable; il faut, pour y entrer, ranger de très près la jettée de l'est.

Depuis Nieuport jusqu'à Ostende, la côte est saine; on peut l'approcher à discrétion.

BANCS DE FLESSINGUE.

Pour aller à Flessingue venant de l'ouest.

Sᵢ vous partez d'Ostende avec un bon vent du S. O. au N. O., et que vous vouliez aller à Flessingue, rangez la côte à demi-lieue de distance, par 4 ou 5 brasses d'eau à basse mer, cinglant sur l'E. quart N. E. du compas.

Lorsque vous approcherez de l'ouverture de la baie de *Sluys*, prenez un peu plus le large pour éviter le banc de la pointe de l'est de cette baie : ce banc se nomme le Marché aux chevaux, ou *Paarde-Market*. On le voit aisément briser à basse mer. Dès que vous avez 7 ou 8 brasses d'eau, et que vous êtes à l'ouvert de la susdite baie de *Sluys*, ou l'Ecluse, cinglez à l'E. quart S. E. du compas ; cette route vous conduit sous la ville de Flessingue, que vous découvrez de-là, si le tems est beau : ou bien, rangez la terre, (après avoir doublé le *Paarde-Market*) à une bonne demi-lieue.

Lorsque vous appercevrez la ville, gouvernez droit dessus, jusqu'auprès de la terre que vous rangerez à la portée du pistolet. Elle est très saine partout, n'y ayant que des épis à défier.

Lorsque vous êtes rendu en travers de la ville de Flessingue , ou un peu à l'est, vous mouillez l'ancre par 12 brasses d'eau, très près de terre ; ou plus au large, par 16, 18, 20 et 22 brasses d'eau, fond de vase.

Vis-à-vis de la ville, à 3 bonnes encablûres, est un banc de sable où il reste très peu d'eau, à l'extrémité duquel, vers le N. O. , il y a une tonne qui l'indique.

Si, par un gros tems, le navire fatiguait trop par le travers de la ville , on peut, en suivant la terre à une encablûre de distance , aller mouiller à une demi-lieue, ou même à une lieue plus haut, vers le S. E. On n'y trouverait pas la mer aussi grosse, et l'on verrait, dans le sud , plusieurs tonnes qui indiquent le banc dont je viens de parler.

On mouille en face du château de *Rame-*

kens, entre un banc sur lequel il ne monte que 4 ou 5 pieds d'eau au plus, et la terre.

Pour aller à Flessingue par la passe du N.-O., ou Deurloo.

Venant du large, dès que vous pouvez appercevoir la ville de Flessingue, amenez-la au S. E. du compas, et gouvernez dessus, en sondant souvent jusqu'à ce que vous apperceviez trois tonnes situées N. E. et S. O.; celle du N. E. est blanche; celle du milieu, noire; et celle du S. O., rouge.

Cherchez celle du milieu, qui est noire, rangez-la d'un côté ou de l'autre; de-là cinglez au S. E. du compas. Vous trouverez à un quart de lieue, une autre tonne noire, que vous rangerez également, en la laissant à bâbord.

Suivant toujours la même route, vous appercevrez encore une autre tonne noire que vous irez ranger comme la dernière, et vous irez ainsi, sur la même route, ranger toutes les tonnes noires, au nombre de sept, qui indiquent le chenal. C'est pourquoi il faut les ranger et en passer toujours au sud, plutôt qu'au nord.

Si la mer était grosse au point de vous empê-cher d'appercevoir les susdites tonnes, dès que vous aurez bonne connaissance de la ville, vous appercevrez, au pied et presqu'à son extré-mité du côté du sud, un petit bastion ou fort tout blanc. Dans le nord de ce bastion, sont trois moulins, dont le plus élevé en est le plus près. Amenez le plus haut clocher ou la plus haute tour de la ville, entre ce bas-tion et moulin, et un peu plus près du mou-lin que du bastion. en gouvernant sur cette marque, vous ferez le chenal, et vous évj-terez le banc nommé *Deurloo*, qui est fort étendu. Ce banc assèche fort haut en plu-sieurs endroits; il ne monte dessus que 5 ou 6 pieds d'eau, dans les grandes marées or--dinaires. C'est pourquoi, pour peu qu'il y ait de mer, on la voit briser dessus.

Vous passez donc, par cette route, dans le nord de ce banc. Le chenal, le long des tonnes, est profond de 5, 7, et 8 brasses, à basse mer.

Mais entre l'île et ce banc, il y a un au-tre grand banc plat, dont il faut se méfier.

Si l'on s'écartait de la route, c'est-à-dire, qu'on passât entre l'île et les tonnes, on s'appercevrait de l'approche de ce banc, par le fond qui monte peu à peu.

Il n'en est pas de même du banc *Deurloo*, qui est extrèmement accore ; c'est pourquoi la sonde pourrait tromper. Aussi, dès que la plus haute tour, dont j'ai précédemment parlé, commence à approcher du bastion blanc, il faut aussitôt s'écarter du banc, dont on est fort proche, pour rapprocher l'île.

Lorsque vous êtes rendu à la huitième tonne, ou celle qui est le plus près au S. E., vous rapprochez un peu l'île, si bon vous semble, à la portée du canon de 4. Alors, vous aurez la haute tour un peu ouverte, au sud du moulin le plus élevé.

Ces marques, d'échanger ainsi la tour du bastion au moulin, peuvent servir pour le louvoyage.

Lorsqu'enfin vous avez quitté la dernière tonne, et que cinglant sur les marques ci-dessus indiquées, vous amenez la plus haute tour de *Middelbourg* (qui paroît dans l'intérieur), par le bout de l'épi le plus au N.

O. de ceux qui sont dans cette partie de la ville ; alors vous êtes par le travers du bout du S. E. du banc *Deurloo.* De-là vous pouvez suivre la côte de l'isle à volonté, et aller ainsi jusqu'en rade, comme il est dit en parlant de la passe de l'ouest.

Le banc qui est au sud de la ville de Flessingue, et dont j'ai parlé dans la passe de l'ouest, étant marqué à son extrémité par une tonne, il se pourrait que cette tonne fût ôtée soit par mauvais tems, soit pour autre cause ; la marque pour connaître si l'on est à l'extrémité de ce banc ou à la place de la tonne, est de prendre la petite tour de la prison située au coin du S. O. de la ville, et proche le bastion blanc, par le moulin le plus élevé dont il est question ci-devant.

Isle de Walcheren, nommée aussi *Flessingue.*

Cette isle est toute dunes de sable assez hautes, que l'on peut voir de 5 à 6 lieues, si le tems est clair.

Autre remarque non moins importante.

Quand on sort de Flessingue, s'il y a jusant, le courant dans la passe du N. O. porte au N. O. quart N. du compas; et lorsqu'on est à la première tonne, il faut, pour aller chercher la seconde et la troisième, gouverner à l'O. quart N. O. et à l'O. N. O. du compas; et si au contraire il y a flot, il faut gouverner à-peu-près au N. O.

Reconnaissance de l'île de Walcheren.

La reconnaissance de cette isle est une tour carrée, avec un chapiteau de colombier au-dessus, et un moulin plus à l'est.

Au sud de cette tour, les dunes sont fort hautes, et au nord fort basses.

Reconnaissance de Blanckenberg.

Quand on est au nord de Blanckemberg, à environ une lieue de la terre, on voit un gros clocher blanc; un peu à l'ouest de lui, on apperçoit la pointe d'un autre clocher, et un moulin à l'est, et un autre moulin à l'ouest.

REMARQUES DIVERSES.

Manière dont une embarcation doit aborder.

LORSQUE dans un canot, et d'une mer étale, on veut aborder un navire, on gouverne sur le premier hauban d'artimon ; et si ce navire est brick, on gouverne sur son terme.

Quand on se trouve à la distance d'une longueur de l'embarcation, on fait nager un grand coup, en ordonnant de lever ou laisser aller rames ; on longe le bord : le canot ayant souvent assez d'erre pour dépasser l'échelle, on a l'attention de saisir la tire-veille aussitôt qu'on est à sa portée.

S'il y a un peu de courant, et que l'on vienne à bord avec la marée, on doit, dès qu'on se trouve à une certaine distance du navire, et un peu au large de l'avant, gouverner sur le lof, parce que le courant vous drosse toujours assez ; et on aborde aux chaînes de porte-haubans de misaine.

Mais si le courant était trop violent, on ferait à l'avance tête à la marée, en se mettant presque dans la perpendiculaire du navire, et en faisant bien attention de ne pas donner sur le cable ; on soutient la dérive avec les avirons, jusqu'à ce que l'on puisse longer le bord en dérivant.

Il faut beaucoup d'habitude pour ne point manquer ces sortes d'abordages. On manœuvre de même pour aborder un quai ou une cale.

____

Passer de gros tems sur une barre.

Si on veut entrer dans un port dont l'entrée soit défendue par une barre, et que la hauteur des lames fasse craindre que le navire en soit couvert (comme cela arrive quelquefois sur la barre de Bayonne), on doit, avant de s'y présenter, serrer la misaine et la brigantine qui pourraient être défoncées par la vague ; il est d'autant plus prudent de les serrer, qu'elles ne feraient pas grand effet, étant abritées par la prodigieuse hauteur des lames : il faut, au contraire, mettre les perroquets hors, pour que le vent prenne un peu dans quelques voiles ; car, dans cette position, souvent les huniers même battent sur le mât.

Il n'est pas moins prudent de mettre l'équipage dans les haubans avant et arrière, pour pouvoir brasséier les vergues, sans danger de se voir emportés par le coup de mer.

Le second capitaine doit se placer sur la vergue du petit hunier, pour observer le signal de la passe, et commander au gouvernail.

Les deux ou trois meilleurs timonniers sont au gouvernail ; et si le navire gouverne avec une barre franche, ils seront mieux placés en avant du raban : en regardant venir la lame, ils n'auront pas à craindre d'être jettés le long du bord par la barre, si par accident le raban en venait à casser, ou à échapper de leurs mains ; et la vague couvrant le navire, et faisant surnager les timonniers, s'ils sont tournés la face vers l'arrière, ils en seront bien mieux à même de se remettre sur pied.

Caler les mâts de hune. (*Planche* 8.)

Lorsqu'on se trouve à un mouillage, et que le gros tems oblige de caler les mâts de hune, on commence par amener la vergue de misaine et la grande vergue. Cette opération se fait au moyen de caliornes, et par le procédé inverse de celui employé pour les mettre hautes.

Lorsqu'elles sont suffisamment amenées, on passe aux mâts de hune.

On fait donner du mou dans les rides des haubans et gal-haubans, ainsi qu'aux étais et drailles ; puis on fait peser sur la guinde-resse, jusqu'à ce que la clef ait assez de jeu pour qu'on puisse l'ôter. Dès qu'on l'a retirée, on fait amener ; et lorsque les barres de perroquet se trouvent à-peu-près à deux pieds du chouquet du bas mât, on fait amarrer la guinderesse ; on saisit le pied du mât de hune autour du bas mât par un cordage passé dans le trou de sa clef ; on abraque le mou des étai et draille, et l'on en saisit les haubans dans la hune.

———

SITUATION DES PORTS.

Heure de la Haute mer en divers ports et baies, le jour de la nouvelle et pleine lune. Leurs latitudes et longitudes, le premier méridien pris à l'Observatoire de Paris, latitude 48° 5o'.

	NOMS DES LIEUX.	Marées.		Latitude.		Longitude.	
		H.	M.	D.	M.	D.	M.
Côtes de Hollande.	Passage du Texel . . .	4.	45	53.	2	2. 23. E.	
	Amsterdam.	3.	o	52.	22	2. 3o. E.	
	Rotterdam	3.	45	5r.	54	2. 8. E.	
	Dordrecht	4.	3o	5r.	48	2. 18. E.	
	Flessingue	12.	o	5r.	26	1. 14. E.	
Côtes de Flandre.	Anvers	6.	45	5r.	13	2. 4. E.	
	Ostende.	12.	o	5r.	14	o. 35. E.	
	Nieuport.	12.	o	5r.	8	o. 25. E.	
	Dunkerque.	12.	o	5r.	2	o. 2. E.	
	Gravelines	11.	15	5o.	59	o. 12. O.	

F

Noms des lieux.	Marées.		Latitude.		Longitude.	
	H.	M.	D.	M.	D.	M.
Côtes du Pas-de-Calais.						
Calais.	11.	15	5o.	58	o. 29.	O.
Boulogne	10.	3o	5o.	54	o. 43.	O.
Étaples	10.	3o	5o.	32	o. 44.	O.
St.-Vallery-sur-Somme.	10.	3o	5o.	11	o. 43.	O.
Côtes de Normandie.						
Dieppe	10.	3o	49.	56	1. 16.	O.
Fécamp	9.	45	49.	45	1. 57.	O.
Hâvre-de-Grâce . . .	9.	o	49.	29	2. 14.	O.
Honfleur.	9.	o	49.	25	2. 6.	O.
Caen	10.	3o	49.	11	2. 42.	O.
Cherbourg	7.	45	49.	39	3. 57.	O.
Cap de la Hague . . .	12.	45	49.	44	4. 25.	O.
Casquets.	9.	o	49.	5o	4. 47.	O.
Granville.	6.	o	48.	5o	3. 56.	O.
Côtes de Bretagne.						
Cancale	6.	o	48.	39	4. 11.	O.
Saint-Malo.	6.	o	48.	39	4. 21.	O.
Morlaix	5.	15	48.	33	6. 8.	O.
Isle de Bas	5.	15	48.	46	6. 22.	O.
Ouessant.	3.	45	48.	28	7. 23.	O.
Brest (en rade). . . .	3.	45	48.	23	6. 48.	O.
Isle de Saint.	3.	45	48.	6	7. 25.	O.

	Noms des lieux.	Marées.		Latitude.		Longitude.	
		H.	M.	D.	M.	D.	M.
Côtes de Bretagne.	Concarneau.	3.	45	47.	5o	6.	17. O.
	L'Orient.	3.	45	47.	43	5.	41. O.
	Belle-Isle	3.	45	47.	17	5.	25. O.
	Vannes	3.	45	47.	39	5.	5. O.
	Auray.	3.	45	47.	37	5.	29. O.
	Nantes	3.	45	47.	13	5.	53. O.
	Noirmoutier.	3.	45	47.	o	4.	34. O.
Côtes d'Aunis et Poitou.	Isle-Dieu.	3.	o	46.	47	4.	4o. O.
	Hâvre d'Olonne . . .	3.	o	46.	3o	4.	7. O.
	Pertuis d'Antioche . .	3.	o	46.	2	3.	44. O.
	La Rochelle.	3.	45	46.	10	3.	29. O.
	Brouage	3.	45	45.	52	3.	24. O.
Côtes de Guyenne.	Royan.	3.	45	45.	37	3.	22. O.
	Arcasson.	3.	o	44.	42	3.	54. O.
Côtes de Gascogne.	Bayonne.	3.	45	43.	29	3.	49. O.
	St.-Jean-de-Luz . . .	3.	o	43.	23	4.	3. O.
Côtes d'Espagne.	Fontarabie	3.	o	43.	22	4.	7. O.
	Passage	3.	o	43.	20	4.	14. O.
	Saint-Sébastien . . .	3.	o	43.	20	4.	18. O.

Noms des lieux.	Marées.		Latitude.		Longitude.	
	H.	M.	D.	M.	D.	M.
Côtes d'Espagne.						
Bilbao.	3.	0	43.	14	5.	2. O.
Castres	3.	0	43.	24	5.	27. O.
St.-Ongne	3.	0	43.	27	5.	39. O.
St.-Ander	3.	0	43.	29	6.	0. O.
Villa-Viciosa . . .	3.	0	43.	35	7.	39. O.
Avilez.	3.	0	43.	36	8.	12. O.
Riba-Deos	3.	45	43.	35	9.	20. O.
Baie de Stanque-Varez.	3.	45	43.	48	9.	55. O.
Ferrol.	3.	45	43.	29	10.	36. O.
Corogne.	3.	45	43.	24	10.	41. O.
Corcovion	3.	45	43.	1	11.	30. O.
Vigo et Bayonne . .	3.	45	42.	13	10.	54. O.
Côtes de Portugal.						
Villa-de-Conde. . .	3.	0	41.	25	11.	0. O.
Rivière de Porto . .	3.	45	41.	11	11.	0. O.
Avayre	3.	45	40.	38	11.	0. O.
Mondégo.	3.	45	40.	12	11.	13. O.
Lisbonne.	3.	45	38.	42	11.	27. O.
Cap St.-Vincent . .	3.	0	37.	2	11.	22. O.
Lagos.	3.	0	37.	6	10.	59. O.
Rade de Farao . . .	2.	15	37.	2	10.	14. O.
Tavila	1.	30	37.	7	9.	52. O.

Noms des lieux.	Marées.		Latitude.		Longitude.		
	H.	M.	D.	M.	D.	M.	
Côtes d'Espagne.							
Aymonte.	1.	30	37.	11	9.	37.	O.
Baie de Lepe	1.	30	37.	12	9.	24.	O.
Baie de Palos	12.	45	37.	12	9.	7.	O.
Cadix.	1.	30	36.	32	8.	38.	O.
Gibraltar.	12.	0	36	7.	7.	40.	O.
Côtes de la Manche.							
Rade des Dunes . . .	1.	30	51.	5	0.	3.	O.
Douvres.	12.	0	51.	8	1.	1.	O.
Folkstone	1.	30	51.	5	1.	6.	O.
Rye	12.	45	50.	57	1.	34.	O.
Isle de Wioht. . . .	9.	0	50.	33	4.	14.	O.
Portsmouth.	11.	15	50.	48	3.	26.	O.
Portland.	9.	0.	50.	28	5.	10.	O.
Weymouth.	9.	10	50.	38	4.	55.	O.
Exmouth.	5.	15	50.	38	5.	55.	O.
Torbay	5.	15	50.	28	5.	52.	O.
Darthmouth.	5.	15	50.	17	5.	55.	O.
Plimouth.	5.	15	50.	22	6.	28.	O.
Falmouth	6.	0	50.	8	7.	23.	O.
Ste.-Marie (Sorlingues).	3.	45	49.	58	9.	3.	O.
Angleterre. Man. de Bristol.							
Hartland.	4.	30	51.	6	7.	0.	O.
Londey	5.	15	51.	17	7.	2.	O.

	Noms des lieux.	Marées.		Latitude.		Longitude.	
		H.	M.	D.	M.	D.	M.
Irlande — Côtes de l'Est.	Dublin	9.	o	53.	21	8.	39. 0
Irlande. — Côtes du Sud et de l'Ouest.	Waterfort	5.	15	52.	7	10.	7. 0
	Rivière de Corck . . .	5.	15	51.	54	10.	49 0
	Kinsal	5.	15	51.	40	10.	10. 0
	Rossen	5.	15	51.	32	11.	18. 0
	Hâvre de Baltimore . .	4.	30	51.	15	11.	30. 0
	Limerick.	4.	30	52.	26	12.	10. 0

ROUTES ET DISTANCES

Des principaux endroits des côtes de France au-dedans de la Manche, depuis le Pas-de-Calais jusqu'à Bayonne ; et routes de traverse diverses. (Abrégé du Pilotage.)

« Du Blanez au cap Grinez, il y a 2 lieues au S. O., 5 dégrés O. Le cap Grinez s'étend une lieue et demie au S. 1/4 S. E., et de la tour d'Ordre on compte une lieue et un quart. »

« Du cap Grinez à l'embouchure de la Somme, le gissement est au sud, et la distance de 12 lieues. »

« Du milieu de l'entrée de la rivière de Somme à Tréport, S. O. 5 dégrés sud, 4 lieues trois quarts. »

« De Tréport à Dieppe, la route est au S. O. 1/4 O., 4 lieues deux tiers. »

« De Dieppe à St.-Valery en Caux, O. un quart S. O., 4 dégrés sud, 5 lieues. »

« De St.-Valery en Caux, à Fécamp O. S. O. 4 lieues trois quarts. »

« De Fécamp au cap de Caux, ou Antifer, il y a 3 lieues à l'O. S. O. »

« D'Antifer au cap de la Hève, qui forme la rade du Hâvre, la côte court au S. 1/4 S. O., 3 lieues. »

« Du cap de la Hève à l'entrée de la rivière de Caen, on compte environ 7 lieues au S. O. »

« Du cap de la Hève à Barfleur, 18 lieues à l'O. N. O., 5 dégrés et demi, ouest. »

« De Barfleur au cap de la Hague, l'O. 5 dégrés nord, environ 9 lieues un tiers. »

« Du cap de la Hague au cap Carteret, 7 lieues un tiers, au S. 1/4 S. E. »

« Du cap Carteret à Granville, S. 1/4 S. E., 11 lieues et demie. »

« De Granville au Mont-St.-Michel, S. 1/4 S. E., 4 lieues. »

« De Granville au grouin de Cancale, la route est au S. O. 1/4 O., 2 dégrés sud, 5 lieues un quart. »

« De Cancale à Césambre, qui est à l'entrée de St.-Mâlo, il y a environ 3 lieues, à l'O. 1/4 S. O., 5 dégrés ouest. »

« De Cezambre au cap Frehel, O. 1/4 N. O. 5 dégrés ouest, 3 lieues un quart. »

« Du cap Frehel à la pointe du nord de l'île de Brehat, O. N. O., 2 dégrés ouest, 10 lieues et demie. »

« De la même pointe de Brehat à l'île la plus E. des sept îles, le gissement est l'O. 1/4 N. O., 2 dégrés ouest, 5 lieues. »

« Des sept îles à la pointe nord de l'île de Bas, O. 1/4 S. O., 1 dégré ouest, 8 lieues. »

« De la pointe de Landegavan à l'entrée du hâvre d'Abbrevrak, O. 1/4 S. O., 2 lieues. »

« De l'entrée d'Abbrevak à la plus occidentale des rochers de Porsal, O. S. O., une lieue trois quarts. »

« De cette roche à la pointe du N. O. de l'île d'Ouessant, la route est l'O. S. O., 5 lieues. »

« De la pointe occidentale de l'île d'Ouessant aux rochers les plus en dehors de la chaussée des Saints, la route est le sud, 5 dégrés E., et la distance de 8 lieues et demie. »

« De ces mêmes rochers à la pointe de l'ouest de Penmarc, S. E. 1/4 E, 9 lieues 2 tiers. »

« Du rocher nommé le Four à la pointe St.-Mathieu ; le gissement est le sud, 2 dégrés est, et la distance d'environ 4 lieues. »

« De la pointe St.-Mathieu à celle du Bec-du-raz de Fontenai, on compte 5 lieues 3 quarts, au sud, 2 dégrés est. »

« Du Bec-du-raz à la pointe occidentale de Penmarc, 7 lieues au S. E., 5 dégrés sud. »

« De la pointe de l'ouest de Penmarc à celle de l'E., la côte, au large de laquelle il y a plusieurs rochers, s'étend à l'est, 5 dégrés sud, environ 2 lieues et demie. »

« De la pointe de l'est de Penmarc à la pointe de l'ouest de l'île de Groix, le gissement est l'E. S. E., et la distance de 10 lieues. »

« De l'est de Penmarc à Belle-isle, le S. E. 1/4 E., 5 dégrés sud, 15 lieues trois quarts. »

« Du bout de l'est de Belle-isle au bout de l'est des rochers nommés les Cardinaux, qui sont au sud-est de l'île Hédic, l'E., 5 dégrés nord, 2 lieues trois quarts. »

« Du bout de l'est de Belle-isle, autre-ment nommée pointe de Lomaria, à la poin-te du Croisic, il y a 6 lieues et demie, à l'E. 1/4 S. E., 5 dégrés est. »

« Du bout de l'est de Belle-Isle à l'île du Pilier, qui git une lieue à l'O. N. O. de la pointe du N. O. de l'île Noirmoutier, on compte environ 10 lieues, au S. E. 1/4 E., 1 dégré sud. »

« Du bout de l'est de Belle-isle à l'Isle-Dieu, la route est le S. E. 1/4 S., 14 lieues et demie. »

« De l'Isle-Dieu aux Barges d'Olonne, il y a 8 lieues, au S. E. 1/4 E. »

« De l'Isle-Dieu à la tour des Baleines, en l'île de Rhé, 13 lieues 2 tiers, au S. E., 2 dégrés est. »

« De la tour des Baleines au havre d'Ar-casson, la route est le S. 1/4 S. E., 5 dégrés sud, 32 lieues. »

» Du havre d'Arcasson à la barre de Bayon-ne, le S. 1/4 S. O., 3 dégrés ouest, 23 lieues. »

Routes de traverse.

« Du cap de la Hague à Casquet, la route est l'ouest, 5 dégrés nord, 8 lieues. »

« De Casquet à Gandeteur, O. N. O., 5 dégrés nord, 13 lieues. »

« De Casquet au cap Lézard, l'O., 6 dégrés nord, 32 lieues. »

« De la pointe du N. O. de l'île de Guernesey au cap Lézard, O. 1/4 N. O., 4 dégrés nord, 31 lieues. »

« Des Sept-isles au cap Lézard, N. O., environ 30 lieues. »

« Des Sept-isles à Gandeteur, nord, 23 lieues et demie. »

« Des Sept-isles à Portland, N. N. E., 5 dégrés est, 32 lieues. »

« De l'île de Bas au cap Lézard, N. O. 1/4 N., 3 dégrés nord, 27 lieues. »

« De l'île de Bas à Gandeteur, N. 1/4 N. E., 4 dégrés est, 27 lieues. »

« De l'île de Bas à Portland, N. E. 1/4 N., 5 dégrés nord, 38 lieues. »

« De la pointe de l'ouest de l'île d'Ouessant à Portland, N. E., 52 lieues. »

« D'Ouessant à Gaudeteur, N. E. 1/4 N., 37 lieues. »

« D'Ouessant aux Sorlingues, N. O. 1/4 N., 35 lieues. »

« D'Ouessant au cap Cléar, N. O., 5 dégrés ouest, 84 lieues. »

« D'Ouessant au cap Finistère, S. O. 1/4 S., 5 dégrés sud, 133 lieues. »

« D'Ouessant à Sizarga, S.S.O. 4 dégrés ouest, 112 lieues.

« D'Ouessant au cap d'Ortegal, S. S. O. , 2 dégrés sud, 100 lieues. »

« D'Ouessant au cap Pinas, S. 1/4 S.O., 3 dégrés sud, 98 lieues. »

« D'Ouessant à Larède, S. 1/4 S. E., 3 dégrés sud, 104 lieues. »

« Du bout de l'Ouest des Saints, c'est-à-dire, de la dernière Roche couverte, qui est environ à 2 lieues de l'île des Saints, on compte les distances et les routes suivantes ; savoir : »

« Au pertuis d'Antioche, au S. E., 2 dégrés est, 61 lieues. »

« De la dernière roche des Saints à Bayonne, S.S. E., 1 dégré et demi est, 102 lieues.

« A St.-Sébastien, S. S. E., 2 dégrés et demi sud, 102 lieues. »

« Au cap Machichaco, S. 1⁄4 S. E., 3 dégrés est, 93 lieues et demie. »

« A St-.Ander, S. 1⁄4 S. E., 4 dégrés sud, 94 lieues. »

« Au cap Pinas, S. 1⁄4 S. O., 2 dégrés et demi sud, 88 lieues. »

« A Riba-Deos, S. 1⁄4 S. O., 4 dégrés ouest, 93 lieues. »

« Au cap d'Ortegal, S. S. O., 92 lieues. »

« Au cap Finistère, S. O. 1⁄4 S., 3 dégrés et demi sud, 118 lieues. »

« De l'île de Grois à Vivère, S. O. 1⁄4 S., 94 lieues. »

« De Grois au cap Finistère, S. O., 5 dégrés sud, 122 lieues. »

« De la pointe de l'est de Belle-isle à la tour de Cordouan, ou entrée de la rivière de Bordeaux, la route est au S. E. 1⁄4 S., 43 lieues. »

« De la même pointe à St.-Sébastien, S. 1⁄4 S. E., 4 dégrés sud, 79 lieues. »

« Au cap Machichaco, S., 2 dégrés est, 75 lieues. »

« De la pointe de l'ouest de Belle-isle au

cap Pinas, la route au S.S.O., 5 dégrés ouest, 82 lieues. »

« De la même pointe au cap d'Ortegal, S. O., 4 dégres sud, 91 lieues. »

« Au cap Finistère, S.O., 1 dégré sud, 120 lieues. »

« De l'Isle-Dieu au cap Pinas, S.O., 4 dégrés sud, 92 lieues. »

« De l'Isle-Dieu au cap d'Ortegal, S. O. 1/4 O., 4 dégrés sud, 92 lieues. »

« De la tour des Baleines en l'île de Rhé, à la tour de Cordouan, ou entrée de la rivière de Bordeaux, on compte 14 lieues et demie, au S. S. E., 2 dégrés sud. »

« De la tour des Baleines au cap Pinas, S. O., 5 dégrés ouest, 81 lieues. »

« Au cap d'Ortegal, S. O. 1/4 O., 5 dégrés ouest, 100 lieues. »

« *ÉLÉVATION DE LA MARÉE le long des côtes de France.* »

—————

« De Granville au cap de la Hague . . . . 40 pieds. »

« De la Houge à Antifer. . 18

« Le long des côtes de Normandie et Picardie jusqu'au Pas-de-Calais, et le long des côtes de Flandres jusqu'au Texel. . 18

« Sur les côtes de Gascogne et du Poitou, environ . . . 15

« Le long des côtes du sud de Bretagne, depuis la Loire jusqu'au passage du Four . . . 18

« A l'isle de Bas 25

« Vers les Sept-Isles. . . 30

« Vers St.-Malo 45

—————

SUR LE LOCK.

*Remarques principales données par l'A-
brégé du Pilotage, et dont j'ai fait l'expérience sur plusieurs navires.*

» Lorsqu'on se sert d'une demi-minute,
la ligne du lock, pour représenter une lieue,
doit faire la cent vingtième partie de la lieue,
comme la demi-minute est la cent vingtième
partie de l'heure. Ainsi sa longueur doit être
de 142 pieds 7 pouces. Comme la lieue se
divise en trois parties égales à une minute
de dégré de grand cercle, cette même mesure est aussi divisée en trois parties, dont
chacune est distinguée par un nombre de
nœuds ; ce qui fait qu'on désigne le tiers de
lieue par le nom de nœud : la distance d'un
nœud à l'autre est donc de 47 pieds 6 pouces.

Le sablier de 30 secondes ou d'une demi-
minute, ne doit durer que 29 un tiers à 29
secondes et demie.

On sait la manière dont on jette le lock.
L'officier prend le lock pour le jetter ; un

homme tient le sablier. Celui qui jette le lock, avertit de tourner le sablier par le mot *vire*, qui, quoique prononcé vivement et exécuté de même, prend cependant quelque tems. De même, quand le sablier finit, celui, qui le tient, en avertit par le mot *stop*, et à ce mot, celui, qui jette le lock, l'arrête. Mais quelque vivacité que l'on puisse mettre dans la prononciation et dans l'exécution, il faut toujours quelque tems. On peut l'évaluer à deux tiers ou demi-seconde, ou environ un cinquante-deuxième de la demi-minute.

« Si l'on n'y fait pas attention, on estimera donc plus de chemin, qu'on n'en fait réellement. Il est vrai que cette erreur donnant trop de chemin, n'est pas dangereuse ; mais l'exactitude de l'estime ne permettrait cependant pas de la négliger, puisqu'elle irait à 30 lieues sur 1500.

« On doit vérifier souvent, dans une campagne, la durée des sabliers.

« La ligne de lock faite d'un fil non goudronné, étant marquée sèche, se raccourcit dans l'eau ; et ce raccourcissement est tel, qu'une traversée ordinaire de France aux

îles de l'Amérique , ne lui rend pas sa première longueur; on peut le supposer de 2
pieds 9 pouces en partant, et d'un pied 6
pouces, à la fin de la traversée.

« La manière de jetter le lock influe beaucoup sur la quantité de chemin qu'on trouve. La ligne de lock est ramassée sur une
espèce de devidoir ou tourèt. Si, en jet-
tant le lock, on laisse la ligne se devider
d'elle-mème, on trouve souvent un neuviè-
me de chemin de moins, que si on aide le
développement avec la main. Cette différence est souvent variable, selon que le devidoir ou tourèt tourne avec plus ou moins
de facilité , et suivant la vitesse du bâtiment, etc. »

VALEUR DES JOURS DE LUNE pour le retardement des marées.

	H. M.			H. M.
1 Jour de lune vaut	0. 48	16 Jours de lune val.		12. 48
2	1. 36	17		13. 36
3	2. 24	18		14. 24
4	3. 12	19		15. 12
5	4. 0	20		16. 0
6	4. 48	21		16. 48
7	5. 36	22		17. 36
8	6. 24	23		18. 24
9	7. 12	24		19. 12
10	8. 0	25		20. 0
11	8. 48	26		20. 48
12	9. 36	27		21. 36
13	10. 24	28		22. 24
14	11. 12	29		23. 12
15	12. 0	30		24. 0

MOYEN de trouver l'heure de la pleine mer dans un port.

Pour trouver l'heure de la pleine mer dans un port à un jour proposé, on doit ajouter les jours de lune avec celles de la situation du port ; si cette somme est au-dessous de 12, ce sera l'heure de la pleine mer ; et si la somme surpasse 12, ce sera cet excédent qui sera l'heure de la mer.

Exemples.

On demande l'heure de la pleine mer au port de Bayonne, quand on a 2 jours de lune.

	Heures.	Min.
Situation du port en nouvelle et pleine lune.	3	45
Deux jours de lune donnent.	1	36
Pleine mer le 2 ou le 17.	5	21

Exemple 2e.

On demande l'heure de la pleine mer au port du Hâvre, quand on a 14 jours de lune.

	Heures.	Min.	
Situation du port en nouvelle et pleine lune.	9	0	
Quatorze jours de lune donnent.	11	12	à ajouter.
Somme. . .	20	12	
Quinze jours de lune donnent.	12	0	à ôter.
Pleine mer le 4 ou le 19.	8	12	

Même exemple, en n'ôtant qu'un jour de lune.

	Heures.	Min.	
Situation du port . .	9	0	
Un jour de lune donne.	0	48	à ôter.
Pleine mer le 14 ou le 19.	8	12	

JOURS de LUNE.	Nord et Sud.		N. 1/4 NE. et S. 1/4 SO.		NNE. et SSO.		NE. 1/4 N. et SO. 1/4 S.		NE. et SO.		NE. 1/4 E. et SO. 1/4 O.		ENE. et OSO.		E. 1/4 NE. et O. 1/4 SO.		Est et Ouest.		E. 1/4 SE. et O. 1/4 NO.		ESE. et ONO.		SE. 1/4 E. et NO. 1/4 O.		SE. et NO.		SE. 1/4 S. et NO. 1/4 N.		SSE. et NNO.		S. 1/4 SE. et N. 1/4 NO.	
	12h.		12h.45m.		1h.30m.		2h.15m.		3h.		3h.45m.		4h.30m.		5h.15m.		6h.		6h.45m.		7h.30m.		8h.15m.		9h.		9h.45m.		10h.30m.		11h.15m.	
	H.	M.	H.	M.	H.	M.	H.	M.	H.	M.	H.	M.	H.	M.	H.	M.	H.	M.	H.	M.	H.	M.	H.	M.	H.	M.	H.	M.	H.	M.	H.	M.
1 ou 16	12.	48	1.	33	2.	18	3.	3	3.	48	4.	33	5.	18	6.	3	6.	48	7.	33	8.	18	9.	3	9.	48	10.	33	11.	18	12.	3
2 ou 17	1.	36	2.	21	3.	6	3.	51	4.	36	5.	21	6.	6	6.	51	7.	36	8.	21	9.	6	9.	51	10.	36	11.	21	12.	6	12.	51
3 ou 18	2.	24	3.	9	3.	54	4.	39	5.	24	6.	9	6.	54	7.	39	8.	24	9.	9	9.	54	10.	39	11.	24	12.	9	12.	54	1.	39
4 ou 19	3.	12	3.	57	4.	42	5.	27	6.	12	6.	57	7.	42	8.	27	9.	12	9.	57	10.	42	11.	27	12.	12	12.	57	1.	42	2.	27
5 ou 20	4.	0	4.	45	5.	30	6.	15	7.	0	7.	45	8.	30	9.	15	10.	0	10.	45	11.	30	12.	15	1.	0	1.	45	2.	30	3.	15
6 ou 21	4.	48	5.	33	6.	18	7.	3	7.	48	8.	33	9.	18	10.	3	10.	48	11.	33	12.	18	1.	3	1.	48	2.	33	3.	18	4.	3
7 ou 22	5.	36	6.	21	7.	6	7.	51	8.	36	9.	21	10.	6	10.	51	11.	36	12.	21	1.	6	1.	51	2.	36	3.	21	4.	6	4.	51
8 ou 23	6.	24	7.	9	7.	54	8.	39	9.	24	10.	9	10.	54	11.	39	12.	24	1.	9	1.	54	2.	39	3.	24	4.	9	4.	54	5.	39
9 ou 24	7.	12	7.	57	8.	42	9.	27	10.	12	10.	57	11.	42	12.	27	1.	12	1.	57	2.	42	3.	27	4.	12	4.	57	5.	42	6.	27
10 ou 25	8.	0	8.	45	9.	30	10.	15	11.	0	11.	45	12.	30	1.	15	2.	0	2.	45	3.	30	4.	15	5.	0	5.	45	6.	30	7.	15
11 ou 26	8.	48	9.	33	10.	18	11.	3	11.	48	12.	33	1.	18	2.	3	2.	48	3.	33	4.	18	5.	3	5.	48	6.	33	7.	18	8.	3
12 ou 27	9.	36	10.	21	11.	6	11.	51	12.	36	1.	21	2.	6	2.	51	3.	36	4.	21	5.	6	5.	51	6.	36	7.	21	8.	6	8.	51
13 ou 28	10.	24	11.	9	11.	54	12.	39	1.	24	2.	9	2.	54	3.	39	4.	24	5.	9	5.	54	6.	39	7.	24	8.	9	8.	54	9.	39
14 ou 29	11.	12	11.	57	12.	42	1.	27	2.	12	2.	57	3.	42	4.	27	5.	12	5.	57	6.	42	7.	27	8.	12	8.	57	9.	42	10.	27
15 ou 30	12.	0	12.	45	1.	30	2.	15	3.	0	3.	45	4.	30	5.	15	6.	0	6.	45	7.	30	8.	15	9.	0	9.	45	10.	30	11.	15

VENTS.

« LES navigateurs les distinguent en trois espèces, généraux, alizés et variables. Les généraux sont les vents du S. E. , qui se font sentir au sud de la ligne, et qui enveloppent le globe dans toute sa circonférence. Ces vents soufflent perpétuellement et constamment , d'un bout de l'année à l'autre , des points compris entre le S. et l'E. »

« Les vents alizés se font sentir dans l'hémisphère du N. ; mais leur régularité n'est sensible que dans l'Atlantique ; ils soufflent perpétuellement et constamment des points compris entre le N. et l'E. »

« Les vents variables règnent dans la région de la ligne , entre les vents alizés et les vents généraux ; ils soufflent aussi au S. de ces derniers, et au N. des autres. »

(Dict. de Géog. marit.)

LIGNE EQUINOXIALE ou L'EQUATEUR.

« Cette Ligne semble être une barrière que les vents ne peuvent dépasser. On dirait qu'elle leur sert de limite, et qu'affranchie de leur empire, elle ne veut admettre que des calmes, des orages et des pluies. En conséquence le passage de cette ligne est toujours une chose épineuse pour la navigation. Assez généralement on ne peut la franchir qu'avec une fin de brise, qui vient y expirer. L'intervale, qui la sépare d'un vent nouveau, ne se traverse ordinairement qu'à l'aide des grains et autres causes accidentelles ; ce qui prolonge beaucoup ce passage. Cependant il est des saisons et des parages moins contraires. C'est à la connaissance des uns et des autres que le marin doit s'attacher. »

« Le passage de la ligne, dans l'océan indien, n'est jamais difficile, parce que les moussons, n'étant point subordonnées à l'influence des vents généraux, facilitent souvent ce passage. Par exemple, si l'on veut aller dans l'Inde, avec la mousson du S. O., cette mousson se fait sentir de très-bonne heure, par une latitude sud. Elle remplace les vents généraux, qui cessent alors de souffler, et traversent la ligne, elle conduit le vaisseau à sa destination. Si la mousson souffle du N. E., on prend une route différente, et, s'élevant bien loin dans l'E., on remonte au N. avec les vents généraux, qui tournent insensiblement, et viennent se confondre avec la mousson du N. E. Cependant, règle générale, le passage de la ligne est accompagné d'irrégularités dans le tems. Dans tout cet océan, ce passage est donc subordonné à la mousson qui souffle. »

« Mais c'est sur-tout dans l'Atlantique que le passage de la ligne est épineux. Les irrégularités, qu'on y éprouve, tiennent à des causes inconnues et dont les effets sont eux-mêmes inconnus ; car tel vaisseau éprouvera des contrariétés, tandis que, dans la même saison et au même endroit, tel autre sera favorisé. En général les vents alizés de N. E. ne soufflent plus que faiblement au sud des îles du Cap-Vert ; mais leurs limites varient suivant la saison. En résumant plusieurs journaux, il a semblé à des gens très-instruits, que, dans le courant de janvier, les vents

alizés viennent expirer entre le sixième et
le quatrième dégré de latitude N. En février,
on les rencontre entre le cinquième et le troisième dégré. En mars et avril, ils s'étendent
depuis le cinquième jusqu'au deuxième dégré
de latitude. Enfin, au mois de mai, on les
trouve encore entre le sixième et le quatrième dégré. »

» Pendant les mois de juin, juillet, août
et septembre, l'état de l'atmosphère éprouve des changements, qui rendent les vents
moins constants ; ensorte que, au mois de
juin, les vents alizés expirent vers le dixiè-
me dégré de latitude N. En juillet, août et
septembre, ils ne s'étendent pas au-delà de
treize ou quatorze dégrés. Ce n'est qu'en dé-
cembre et janvier, qu'ils rentrent dans des
bornes moyennes. »

» En quittant les vents alizés, on fait route pour couper la ligne équinoxiale, et trouver les vents généraux de S. E., qui régnent
dans l'hémisphère du sud. Il est, à cet égard,
une remarque générale à faire, c'est que les
irrégularités et les variétés, que l'on éprouve dans ces parages, tiennent toujours des
vents réguliers de la région desquels on est

le plus voisin. Leur influence est plus ou moins grande , suivant qu'on est plus ou moins éloigné : c'est-à-dire, ponr rendre ceci plus intelligible , que les grains, les orages et les faibles brises viendront plus souvent des points compris entre l'E. et le N. , si l'on est voisin des vents alizés de N. E. ; ainsi des autres. D'ailleurs, quand on est près de l'équateur, les vents varient beaucoup plus souvent de l'E. vers le S. ; cependant dans les mois de juillet, août et septembre, on est sujet à éprouver des orages , qui donnent des vents de S. O. ; mais cela n'est que passager, et ne dure guères au-delà du tems d'un grain. »

« Les vents de S. E. n'ont pas de limites plus fixes dans la bande du sud ; il arrive quelquefois qu'ils se font sentir sous la ligne, et même par 1 dégré ou 2 au nord. »

« En général, les vaisseaux, qui viennent de la côte d'Afrique et qui se rendent dans les colonies d'Amérique, ne coupent point la ligne , avant d'avoir atteint le trentième dégré de longitude ; soit routine, soit raison, l'expérience est en faveur de cette manœuvre. »

« Les vaisseaux, qui viennent du S. , et

qui se rendent en Europe, dirigent ordinairement leur route de manière à passer, à très-petite distance, sous le vent des îles du Cap-Vert : pour cet effet, ils coupent la ligne entre vingt ou vingt-quatre dégrés, à l'O. de Paris. Les vaisseaux, qui viennent du N., et qui se rendent au cap de Bonne-Espérance, passent ordinairement à l'E. des îles du Cap-Vert. Ils n'ont pas plutôt quitté les vents alizés, qu'ils doivent faire la route qui les rapproche le plus promptement de la bande des vents généraux. »

« Il faut, dans cette route, tenir un juste milieu, ne point se répandre trop à l'ouest, car il pourrait arriver que les vents généraux commençassent, de trop bonne heure, à souffler du S. S. E. ; et alors, on courrait le risque de ne pouvoir doubler la côte du Brésil. D'un autre côté, si l'on hantait trop la bande de l'E., on s'exposerait à ressentir l'influence de la côte d'Afrique, sur laquelle les vents Sud O. se font ressentir ; il serait peut-être alors fort difficile de se relever au large, et l'on pourrait fort bien être forcé de revirer au nord, ce qui prolongerait beaucoup une traversée. »

« Il n'en est pas de même des vaisseaux qui vont à la côte d'Afrique, en faisant ce qu'on appelle la petite route. Il leur suffit de terrir au S. du cap Lopez-Gonsalvo ; en conséquence ils font assez généralement valoir leur route, le S. E. corrigé. »

« Ce n'est donc point dans les vues d'obtenir plus ou moins de frais, qu'on se décide à couper la ligne sous un méridien, plutôt que sous un autre : l'objet principal, que l'on se propose, est de s'entretenir dans une position telle, qu'on puisse tirer le parti le plus avantageux possible des vents, que l'on doit éprouver, en sortant de la région soumise à l'influence de la ligne. »

« C'est dans ce cas, que l'on doit consulter ce que nous venons de dire des saisons, afin de calculer le parallèle, sous lequel on doit espérer de rencontrer plutôt les vents réguliers. »

« Règle générale, quand on passe la ligne avec le soleil, on doit s'attendre à des pluies abondantes. »

VOCABULAIRE
DE TERMES DE MARINE.

A.

AVANT. — C'est la partie du vaisseau comprise depuis l'étrave jusqu'aux derniers haubans de misaine. C'est sur cette partie, que passent les câbles et les ancres, qui le retiennent au mouillage. On dit : il est de *l'avant* à nous ; il nous gagne de *l'avant* ; il est trop chargé sur *l'avant* ; ses mâts sont sur *l'avant* ; la mer vient de *l'avant* ; le vent hâle de *l'avant* ; hâle les bras et boulines *avant* ; nage tribord ou babord *avant* ; pousse *avant* ; aborde par *l'avant* ; hisse *avant* ; borde *avant* ; amarre ou tiens bon *avant* ; monte *avant* ; largue les bras ou boulines de *l'avant* ; décharge *avant* ; pointe vers *l'avant* ; êtes-vous parés, *avant* ! défie *avant* ; largue les écoutes *d'avant* ; gaillard *d'avant*.

ARRIÈRE. — C'est la partie comprise depuis le couronnement jusqu'au grand mat.

On dit : tribord *arrière* ; il est sur *l'arrière* ; borde *arrière* ; hâle *arrière* ; la mer vient de *l'arrière* ; il est trop chargé *arrière* ; ses mâts sont sur *l'arrière* ; les gaillards *d'arrière* ; nage tribord ou babord *arrière* ; les voiles *d'arrière* ; défie de *l'arrière* ; pousse *arrière* ; pour prendre les ris, tribord *arrière* ; il a un joli *arrière* ; aborde par *l'arrière* ; hâle *arrière* ; largue *arrière* ; hisse *arrière* ; vent *arrière* ; laisser un navire de *l'arrière* ; passer à *l'arrière* ; se tenir à son *arrière*.

ALOFFÉE. — Venir au vent un instant ; il fait des *aloffées* ; le navire est trop ardent, il faut diminuer ses voiles d'arrière, ou augmenter celles de l'avant, pour l'empêcher de faire de trop fréquentes *aloffées* ; on fait de tems en tems quelques *aloffées* pour gagner le vent.

ARRIVE ! commandement fait au timonnier pour qu'il fasse aller l'avant du vaisseau du côté opposé aux amures : on *arrive* sous le vent d'un vaisseau, d'une bouée, d'un cap, d'une roche, d'une balise : on *arrive* pour prendre le vent plein dans les voiles : on dit, *arrive* un peu, *arrive* tout ; laisse *arriver* ; il est trop *arrivé* ; *n'arrive* pas davantage, ou, *n'arrivons* pas : on *arrive* sous un grain, ou pour éviter, ou faire un abordage : on *arrive lof pour lof*, pour prendre les amures à l'autre bord. On dit : Le timonnier gouverne mal, il fait des *arrivées* : et quand on court vent arrière, laisse *arriver* sur tribord, ou sur babord.

ACCOSTE ! approcher : ordre donné à une embarcation que l'on veut faire venir à bord ; on dit : Il *accoste* ; il va *accoster*. On *accoste* aussi un quai, une cale, une autre embarcation. Ils sont *accostés*.

ATTENTION ! ordre donné au timonnier pour qu'il veille à sa route, et qu'il ne fasse point d'embardées.

APPAREILLER.—Mettre à la voile. On dit : Il a *appareillé* sous les quatre voiles majeures ; sous les huniers ; sous ses focs, etc. Il a bien manœuvré son *appareillage*. Il est *appareillé*, et se dispose à faire route.

ANCRE. — Machine de fer dont les pattes s'accrochent sur le fond, et dont l'effet est de retenir le navire au mouillage, lorsqu'elle est fixée à un cable ou à un grélin. Le poids des *ancres* varie selon la force ou la grandeur des navires. La grande *ancre* d'un vaisseau de guerre du premier rang pèse plus de 6 milliers. On dit : *ancre* de bossoir, de poste , de flot, de jusant , de terre , du large, d'affourche, de touée, à jet. Seconde, de miséricorde. *L'ancre* est à pic , dérapée, haute, à poste ou traversée. *L'ancre* chasse, elle est surjallée. On lève *l'ancre* par le moyen du virevau, mais ce n'est qu'à bord des petits navires ; ceux d'une certaine grandeur se servent d'un tournevire garni au cabestan. On dit aussi : courir sur son *ancre* ; chasser sur son *ancre*.

AMURE. — Cordage qui tient le point de la voile du côté d'où vient le vent. Les voiles hautes carrées n'ont point d'*amures*. On dit : Il a les *amures* à tribord. Nous cinglâmes babord *amures* : il prit les *amures* à l'autre bord : largue l'*amure* : hâle sur l'*amure* de revers : *amure* le grand foc, la misaine, la grande voile : *amure* bas : l'*amure* au bossoir.

AMARINER. — L'homme est *amariné*, lorsqu'il supporte sans en être incommodé, les mouvemens que la mer occasionne au vaisseau. Un navire est *amariné*, quand, ayant amené son pavillon , il se rend à discrétion et que la plus grande partie de son équipage se trouve remplacé par les hommes de l'équipage du vaisseau capteur. Sur mer les marins ne capitulent jamais.

AMÈNE ! — On somme un vaisseau d'*amener* son pavillon. On *amène* les voiles. Quand on charge ou décharge un navire, on *amène* du palan ou de la caliorne. On *amène* un signal, les mâts, les vergues. On dit aussi : *Amène* en douceur, rondement, en bande.

ANCRAGE. — Mouillage où l'on se propose de jetter l'ancre. On dit : L'*ancrage* y est bon. Nous fûmes obligés de payer le droit d'*ancrage*.

ABORDAGE. — Assaut. Il a évité l'*abordage*. Nous l'avons enlevé à l'*abordage*. Il sauta à l'*abordage*. Par une manœuvre habile, nous sûmes le forcer d'en venir à un *abordage*.

ANSPECT. — Lévier en bois qui sert à un virevau, ou à la manœuvre des canons. On dit : Il sait bien manier l'*anspect*. On se sert aussi de ce morceau de bois pour souquer les roustures.

ATTERRAGE. — Nous *atterrîmes* sous Finistère. Il fit un bon *atterrage*.

ABATTRE. — Pour réparer notre voie d'eau, nous fûmes obligés d'*abattre* en carène. Il s'est *abattu* sur tribord. Il fit une grande *abattée*. Notre premier coup de canon lui *abattit* son grand mât de hune. Ce navire s'*abat* difficilement ; il devrait carguer son artimon. Il traverse les focs pour le faire *abattre*. Il *abat* défie l'arrivée.

ABRAQUER. — On dit : *Abraque* le mou du cable, des amarres, des bras et autres cordages qui ne sont point roidis. *Abraque* les garans de candelette ou autres palans ; *abraque* le balant des boulines.

ADONNE. — Lorsqu'étant les amures sur un bord, le vent passe un peu vers l'arrière, on dit que le vent *adonne* : on doit en prévenir l'officier de quart.

AFFALÉ. — Il est *affalé* sous la terre ; nous nous trouvâmes *affalés* sur les bancs, par la violence du vent et de la marée.

AFFALER. — On *affale* les cargues d'une voile quand on veut la border ou la hisser. *Affaler* un palan, c'est aider à ce que sa poulie d'en-bas descende plus vîte.

AFFOURCHER. — C'est mouiller deux ancres, dont l'une fasse tête à la marée de flot et l'autre à celle de juzant. Il est bien *affourché*. Nous *affourchâmes* sous voiles. Nous envoyâmes notre chaloupe pour mouiller l'ancre d'*affourche*.

AMARRAGE. —C'est de la bonté des *amarrages* que dépend la solidité du grément d'un vaisceau ; ils se font avec des lignes qui ont plus ou moins de fils.

AMARRER. — Dans un port on se met à deux ou à quatre *amarres*. On dit : Il a cassé ses *amarres*. Il nous faut doubler nos *amarres*. Il faut hâler sur les *amarres* d'avant et filer les *amarres* d'arrière. Nous allons garnir les *amarres* du large. Portez cette *amarre* à bord du navire qui est devant nous.

AMARRE ! — Se dit quand on a achevé de hisser ou hâler ; c'est tourner le cordage autour d'un taquet, ou d'une bitte. On crie : Tiens bon, *amarre*.

AMIRAUX. — Officiers supérieurs de la marine, commandant des escadres ou armées navales.

ARRIMAGE. — C'est l'arrangement des marchandises ou objets d'approvisionnement dans le fond du vaisseau. On fait un bon *arrimage*. Nous avons changé notre *arrimage*.

ARTIMON. — Dans un navire à trois mâts,

c'est la voile la plus arrière. On dit : Borde l'*artimon*. Cargue l'*artimon*. Traverse l'*artimon*.

AVIRON. — Dans une embarcation, les *avirons* sont garnis à couple ou à pointe. Quand on borde les *avirons*, on tient l'aviron plat et l'on pèse sur la poignée pour empêcher qu'il ne s'engage dans l'eau. L'ordre de nage s'établit sur les deux derniers rameurs de l'arrière.

AVISO. — Bâtiment léger ordinairement chargé de porter les dépêches ou de faire des reconnaissances.

B.

BABORD. — C'est le côté gauche du vaisseau. On dit : le canot vient à *babord* ; nous l'avons accosté à *babord* ; il était *babord* à nous ; il donnait la bande à *babord* ; brasse *babord* ; la barre à *babord* ; l'amure à *babord* ; *babord* tout.

BABORDAIS. — Ce sont les hommes, qui font le quart de *babord*. On dit : *babordais*, au quart ! monte, les *babordais*.

BAGUES. — Les *bagues* de foc ou de voile

d'étai, sont en fer ou en bois. **Elles servent** à fixer ces voiles à leurs drailles ou étais.

BALANCINES. — Elles servent à soutenir les bouts des vergues, et les maintiennent dans une position horisontale. Quand on veut apiquer une vergue carrée, on pèse sur une *balancine*, et on largue celle qui lui est opposée.

BON-QUART. — Veiller, faire sentinelle. A chaque horloge que l'on tinte durant la nuit, les matelots, qui sont en avant, crient ensemble, *bon-quart! bon-quart!*

BORDÉE. — Courir la grande *bordée*, c'est disposer l'équipage en deux quarts, qui veillent chacun pendant quatre heures. On dit aussi : la *bordée* est longue, lorsqu'on louvoie, et que l'on peut rester long-tems sans virer de bord ; il nous envoya sa *bordée* ; notre misaine est bien *bordee* ; il resta long-tems sous le feu de nos canons, il essuya plusieurs *bordées* ; il courait la *bordée* du nord.

BARRE. — Nous touchâmes sur la *barre* de Bayonne ; ce navire gouverne à *barre* franche ; je pris la *barre* du gouvernail ; la *barre* au vent ! babord la *barre* ; droit, la *barre*. On dit aussi : monter sur les *barres* de perroquet; mettre la *barre* à l'écoutille ; garnir le cabestan de ses *barres*.

BANC DE QUART. — Ce banc est destiné pour l'officier chargé de veiller la marche du vaisseau, pour s'y reposer, lorsque la fatigue l'y oblige. Dans un combat, c'est le poste ordinaire du Commandant, qui s'y tient debout, pour mieux observer l'exécution de ses manœuvres, et celles de l'ennemi. On dit aussi : nous échouâmes sur un *banc* de sable ; un *banc* de glace coupa nos câbles.

BORDE. — On *borde* les focs, voiles d'étai et l'artimon, ainsi que les basses voiles sous le vent : on ne les *borde* au vent, que pour un abbattage, et l'on appelle cela *traverser*. Les voiles hautes, carrées, se *bordent* aux bouts des vergues.

BATTRE LA MER. — C'est la parcourir sur plusieurs points, soit qu'on n'ait pas de but déterminé, ou que l'on y soit contraint par le mauvais tems. Nous avons *battu les mers* de l'Inde pendant trois mois. Il ne fait pas bon *battre les mers* du nord, parce que les lames y sont courtes.

BOURASQUE. — Violence de vent et de

pluie de peu de durée. Nous fûmes surpris par une *bourasque*.

BOSSOIRS. — Pièces de bois de l'avant, en saillie ; on y caponne les ancres. On dit : la voile apperçue nous reste au *bossoir* du vent ; la terre est sous le vent à nous par le *bossoir*.

BANDE. — Le vent nous faisait donner la *bande*, ou nous mettait à la *bande* ; le navire ayant besoin d'être nettoyé, nous le mîmes à la *bande*. On dit aussi : je tenais la *bande* de ris ; j'avais largué la drisse en *bande*.

BOUÉE. — La *bouée* se frappe au bout de l'orin, pour indiquer la position de l'ancre, quand on veut la lever par les pattes. On jette la *bouée* et l'orin à la mer, avant de mouiller l'ancre ; on marque la position des bancs avec des *bouées* ; on jette la *bouée* de sauvetage, quand un homme tombe à la mer.

BOUSSOLE. — Compas de mer, ou rose des rhumbs de vent.

BRANLE-BAS. — On fait le *branle-bas* de propreté, le *branle-bas* de combat. Nous apperçûmes une voile qui courait sur nous,

le capitaine ordonna le *branle-bas* général ;
tous les matins, nous faisions le *branle-bas*,
pour laver et nettoyer les batteries et les entreponts ; le soir, nous mettions bas les branles.

BRISE. — Vent léger. On dit *brise* de terre ; *brise* du large ; une jolie *brise* soufflait
dans nos voiles ; *brise* du nord.

BITURE. — On prend *biture*, c'est disposer le câble sur le pont, quand on se prépare à mouiller. Nous prîmes une *biture* de
3o brasses ; la *biture* était filée dehors, et
il nous fallut encore remonter du câble.

BATTERIE. — Nous avions nos canons en
batterie ; nous le tenions sous le feu de notre *batterie* ; il ventait grand frais, nous avions
la *batterie* sous l'eau ; sa *batterie* est basse,
barbette ; le roulis était si fort, que la *batterie* du vent passa à l'autre bord, et mit le
navire à la bande ; nous mîmes notre *batterie*
à fond de cale.

BRASSER. — On *brasse* en hâlant sur les
bras. On dit : *brasse-au-vent* ; *brasse* à culer, ou sur le mât ; *brasse* en pointe ; *contre-brasse*, ou hâler le bras opposé à celui

qu'on vient de *brasser* ; on manœuvre ainsi toutes les voiles carrées, et quelques-unes des bâtimens latins.

BRAS. — Cordage placé à l'extrémité des vergues, à l'aide duquel on donne à la voile toutes sortes de positions.

BOULINE. — Cordage placé sur la ralingue, des côtés des voiles carrées, à des pattes qui sont placées à des distances convenables, dont la première est au dessous de celle du palanquin de ris ; la dernière un peu au dessus du point de la voile. L'usage de cette manœuvre est de présenter la surface des voiles à l'impulsion du vent. La bouline du petit hunier se nomme *boulinette*. On dit : choquer la *boulinette*, c'est la larguer un peu, quand le vent adonne ; hâle la *bouline* rouste au plus près.

BAS LE FEU. — Ordre donné pour cesser le feu des canons : *bas le feu* se dit aussi pour faire éteindre les lumières, qu'on ne veut pas laisser appercevoir par un vaisseau ennemi.

BOMME, ou GUI. — C'est une vergue avec laquelle on borde la brigantine. On dit : change la *bomme* ; pèse sur la balancine de la *bomme*.

BASTAQUE. — Haubans à itague d'un lougre. On dit : largue les palans de *bastaque* sous le vent.

BOUTE-HORS. — Le *boute-hors* de beaupré sert à amurer le grand foc ; on pousse les *boute-hors* de bonnettes, pour les garnir de ces voiles auxiliaires : on dit aussi : rentre les *boute-hors*.

BIDON. — Sorte de barillet de bois, qui sert à contenir les rations de boisson.

BEAUPRÉ. — Mât incliné sur l'avant.

BRICK. — Navire à deux mâts.

BOUTE-FEU. — Morceau de bois autour duquel on tourne la mêche, qui doit mettre le feu au canon. Ce *boute-feu* est armé d'un fer pointu, et se fiche dans le pont, auprès de sa pièce. Quand on veut se préparer à tirer le canon, on crie : Au *boute-feu* !

BASTINGAGE. — Treillis de cordage. Nous mîmes nos hamacs et nos sacs dans les filets de *bastingage*, afin d'amortir les balles de la mousqueterie de l'ennemi.

BERNE. — Pavillon en *berne*, se dit d'un pavillon noué à grandes distances par des fils carret ; hissé de cette manière, il annonce un signal de détresse, et quand on a ses canons, on tire à certains intervales. Un vaisseau parut au vent à nous ; nous coulions bas d'eau, et manquant de vivres, nous fîmes signal de détresse par le pavillon, que nous mîmes en *berne*. Echoués sur la côte, nous hissâmes notre pavillon en *berne*, pour demander du secours. Nous arrivâmes en rade, nous demandâmes un pilote, en mettant notre pavillon en *berne*.

BITTER. — Tourner le câble à sa bitte ; quand on a bordé les huniers, on tourne les écoutes autour de leurs *bittes*.

BOSSES. — On *bosse* les câbles avec des *bosses-à-bouton* ; il y a aussi des *bosses* à fouet, des *bosses* cassantes, des *bosses* d'embarcation ; on *bosse* l'ancre au bossoir.

C.

COULER. — Un vaisseau *coule* bas d'eau, il est chargé à *couler* bas. Nous pointâmes à le *couler* à fond. Notre chaloupe, entrant dans le port, reçut une lame qui l'emplit, et elle *coula* aussi-tôt.

CONSERVE. — Nous faisions route de *conserve*. Une voie d'eau assez considérable s'étant déclarée, j'en fis le signal au navire le plus près de nous, et craignant de couler à fond, je l'engageai de faire voile avec nous de *conserve*, pour me secourir en cas d'accident plus fâcheux.

CARGAISON. — Partie ou totalité des marchandises formant le chargement du vaisseau. Nous mîmes 15 jours à effectuer tout l'arrimage de notre *cargaison*. Nous avions d'excellens objets de *cargaison*. Une partie de sa *cargaison* fut jettée à la mer. Sa *cargaison* fut bien vendue.

COURIR. — Nous avons *couru* la bordée du nord. Il *court* à terre. Il nous fallut reprendre les amures à l'autre bord, et *courir* sur la frégate. On dit aussi : Ce garan ne peut pas *courir*. On lui a fait *courir* la bouline.

CORSAIRE. — Homme intrépide, actif, vigilant, autorisé par son Gouvernement à prendre les vaisseaux ennemis. On dit aussi :

Il monte un *corsaire* fin voilier. Notre *corsaire* était armé de 14 canons. Il marche comme un *corsaire*.

CAP-DE-MOUTON. — Bloc de bois percé de trois trous , dans lesquels passent les rides des haubans.

COMME CELA ! — Ordre au timonnier de gouverner comme il se trouve au moment de ce commandement.

CHASSE. — Nous lui avons donné la *chasse*. Il prit *chasse* devant nous. Son ancre *chassa* , ou, il *chassa* sur son ancre. Nous faisions feu de nos canons de *chasse*.

CHAVIRER. — L'orage nous surprit , et n'ayant pas eu le tems d'amener nos voiles , nous *chavirâmes*.

CANON. — Le mauvais tems nous obligea de mettre les *canons* à la serre. Nous nous trouvâmes bientôt à portée du *canon*. Il n'avait que des *canons* de petit calibre. Obligés d'abandonner le navire, nous enclouâmes nos *canons*. On dit aussi : Le *canon* de Diane se tire au point du jour.

CROISIÈRE. — Nous avons fait une *croi-*

sière de deux mois. Il a établi sa *croisière* aux Isles Canaries.

CARTAHEU. — Cordage qui passe dans une poulie à tête de mât. On dit : Envoyez le *cartaheu* en bas ? envoyez un homme sur un *cartaheu* ? pèse sur le *cartaheu*.

COUILLARD. — Raban à branche placé au milieu de la vergue pour serrer la toile du fond.

CORNE. — On dit : Hisse ou amène la *corne* de la brigantine. Pèse sur le hâle-bas de la *corne*.

CORNETTE. — Marque distinctive de commandement. Elle se hisse à tête du grand mât de perroquet. On dit : Il a amené son guidon, notre capitaine pouvant battre *cornette*. On hisse ce signe de commandement le matin au coup de canon de Diane, et on l'amène à celui de retraite ; ou bien au coucher du soleil.

CALE. — On met les barriques à eau dans la *cale*. Nous avions la *cale* encombrée. Il est descendu à fond de *cale*. On dit aussi : Il a été condamné à recevoir *la cale*. On lui a donné deux coups de *cale*.

CALIORNE. — On croche les *caliornes* pour l'embarquement des chaloupes et autres lourds fardeaux ; on les croche à terre pour ne pas donner la bande au large, quand la marée est basse et le port à sec.

CALME. — Lorsque la mer est *calme*, les matelots disent que les vents tiennent conseil.

On dit : Nous fûmes pris par le *calme*. Le *calme* dura si long-temps, que nous épuisâmes presque tous nos vivres de campagne. Il fait *calme* plat.

CHOQUER. — On *choque* au cabestan pour remonter le tournevire ; on *choque* le cable. On dit aussi : *Choque* les boulines.

CORBILLON. — Ustensile de bois dans lequel on met la ration de biscuit.

COMBAT. — Il a refusé le *combat*. Nous avons *combattu* bord à bord. Le *combat* dura long-temps.

CAPONNER. — Lorsque l'ancre est rendue à l'écubier, on croche le *capon*. On *caponne* l'ancre. Quand l'ancre est au bossoir, elle est *caponnée*.

CABLE. — Gros cordage fixé à une ancre par un nœud appellé étalingure. Nous filâmes 40 brasses de *câble*; nous avions des tours dans les *câbles*; son *câble* cassa; il faisait recourir son *câble*; il était à une longueur de *câble*, (120 brasses); il tomba sur son *câble*; nous fûmes forcés de filer notre *câble*, par bout; il vint frapper une amarre sur notre *câble*; vire le *câble*! bosse le *câble*!

CARGUER. — Il se prépara au combat en *carguant* ses basses voiles; *cargue* la misaine! *cargue* l'artimon et la voile d'étai; *cargue* les lofs, ou bien lève les lofs.

CÔTE. — Il se trouva affalé sous la *côte*; nous fûmes forcés de faire *côte*; la lame jettait en *côte*; nous avons purgé la *côte* de tous les pirates qui l'infestaient; la *côte* était saine; le vent battait en *côte*.

CLEF. — Nous avons mis nos mâts de hune en *clef*; on dit aussi : il a amarré par deux *demi-clefs*.

CAPÉER. — Mettre à la *cape*. Nous mîmes à la *cape* sous la pouillouse; nous *capéâmes* sous la misaine; le navire *capéait* mieux sous l'artimon.

H

CHARRIER. — Un navire *charrie* de la voile, lorsque, dans un bon frais de vent, on met dehors toutes ses voiles.

D.

DÉMATER. — On *démâte* un vaisseau dans le port. On dit aussi : il a *démâté* dans un grain ; il a essuyé une volée, qui l'a *démâté* ras comme un ponton ; on *démâte* le lock, pour le hâler plus facilement.

DÉRIVE. — Ce navire a le fond plat, il *dérive* beaucoup ; nous avions quatre quarts de *dérive* ; on dit aussi : la *dérive* vaut la route.

DÉCHARGE. — Débarquer la cargaison ; on dit aussi : *décharge* arrière, ou avant ; *déchargez* les canons !

DÉGRÉER. — *dégréer* les perroquets ; *dégréer* le vaisseau ; on dit aussi : son feu était vif et bien nourri, nous fûmes bientôt *dégréés*.

DEBOUT. — Dans une manœuvre pressée, on frappe du pied sur le pont, pour réveiller les gens qui ne sont pas de quart. Ce commandement les fait monter avec précipitation. On dit aussi : il est *debout* au vent ; *debout* à la lame ; *debout* à la marée.

DEMOISELLES. — Les *demoiselles* se placent sur le bord d'un canot ; on en met deux pour chaque aviron.

DÉRALINGUER. — Voile séparée de sa ralingue.

E.

EAUX. — Nous nous tenions dans ses *eaux* ; nous dépassâmes ses *eaux*.

EMBARDÉES. — Aller tantôt vers un bord, tantôt vers l'autre ; il faisait de fréquentes *embardées*.

ETALINGURE. — Nom que l'on donne au nœud, qui se fait avec le câble sur l'ancre que l'on veut *étalinguer*.

EMBARQUER. — On *embarque* dans la chaloupe ; on *embarque* les canons ; sous voiles, au plus près du vent, on *embarque* des lames.

ECHANTILLON. — Notre vaisseau est d'un fort *échantillon*.

ENTÊTURE. — On appelle ainsi le point de chaque extrémité de la ralingue d'envergure. Hâle sur *l'entêture* du vent.

ENCABLURE. — Nous n'étions pas très éloi-
gnés de terre, elle nous restait à trois *encâ-
blures*. (Une *encâblure* est 120 brasses.)

EMBOUDINURE. — On appelle *emboudinure* une certaine quantité de bouts de cordage tournés autour de l'anneau de l'ancre ,
et par dessus les bouts desquels on fait des
amarrages ; on en fait aussi au milieu.

On détermine la longueur de ces bouts de
cordage par le triple diamètre de l'anneau de
l'ancre, pris de dehors en dehors,

ECUBIERS. — Trous pratiqués en avant
tribord et babord du navire, pour recevoir
et par où passent les câbles.

ENFILER. — Nous passâmes à poupe, et
l'enfilâmes de bout en bout.

ENFLÉCHURES. — Quarantenier qu'on met
en travers des haubans, et qui servent d'éche-
lons pour monter.

ENGAGÉ. — Nous voulûmes virer de bord
vent arrière ; il nous survint un grain ; mais
le navire ne pouvait pas arriver, parce que
l'officier de quart avait oublié de faire amener le pic de la brigantine. Ainsi à la bande,
la mer jusqu'à l'écoutille, le navire resta *en-*

gagé quelques minutes. Dès que j'en apperçus la cause, je sautai au pied du grand màt,
et avec un couteau, je coupai la drisse du
pic. Chercher à la démarrer eùt peut-être
occasionné notre perte ; nous eussions infail-
liblement chaviré. On dit aussi : l'écoute de
perroquet est *engagée* par les garcettes de
ris ; on ne pouvait filer du càble, qui se trouvait *engagé* par un tas de cordage.

Engréner. — Il était si mal-adroit qu'il
fallait jetter plus de six scilles d'eau dans la
pompe, avant qu'il pût *l'engrener.*

Estime. — Nous fûmes plus de quinze
jours sans voir le soleil ; il fallait bien nous
en tenir à notre *estime.*

Eventer. — *Evente* le grand hunier ; il
évente ses voiles.

Eviter. — Il *évite* à la marée ; il n'a pas
d'évitage.

F.

Feu ! On fait *feu* des canons ; *feu* tribord.
Ne pouvant pas expédier la prise, nous y
mîmes le *feu.* On dit aussi : on voit le *feu*
de Cordouan. Bas le *feu.* Nous fîmes signal
par deux *feux.* J'apperçus le *feu* de Saint-

Elme sur la vergue du petit hunier, j'y montai pour le voir de plus près ; ce n'était qu'une petite flamme, qui, lorsque je voulus la prendre, sauta sur ma main ; elle n'avait pas la moindre chaleur.

FANAL. — Nous allumâmes nos *fanaux* de combat. Le feu de son *fanal* de poupe nous indiquait sa position.

FOND. — A dix brasses nous trouvâmes *fond* de sable et de corail. Il envoya l'ancre au *fond*. Nous sondâmes, et la sonde nous rapporta un *fond* rocailleux.

FILE. — Nous *filâmes* nos câbles par le bout. Il *filait* de ses amarres de derrière. La chaloupe n'est pas assez *filée* de l'arrière. *File* l'écoute de misaine.

FILETS. — *Filets* de bastingage, *filet* de beaupré. On dit aussi : dix péniches vinrent pour nous enlever, mais les équipages ne purent monter à bord ; nous avions hissé nos *filets* d'abordage.

FORCER DE VOILES. — Il *forçait de voiles*. Nous *forcions de voiles* pour l'atteindre.

G.

GUINDER. — Nos mâts de hune avaient

besoin d'être *guindés*, et notre équipage se trouvant en partie à terre, nous n'étions pas en force suffisante pour faire cette manœuvre par les moyens ordinaires. En conséquence nous frappâmes la *guinderesse* sur le câble, que nous filâmes jusqu'à ce que le pied du mât de hune fût rendu en clef. Comme la mer était belle sur la rade, nous fîmes ce travail sans inconvénient ; mais nous ne pûmes le faire qu'à un mât de hune.

GENOPPE. — Saisir ensemble deux cordages, ou un cordage avec la vergue. On *genoppe* les rides des haubans en portugaise. Cette opération se fait en passant les premiers tours de l'amarrage, autrement dit de la *genoppe*, un tour dessus, l'autre dessous, en forme de zig-zag, et allant de haut en bas. On les fait avec les deux doubles de l'amarrage. Lorsque ces tours présentent une longueur d'environ quatre largeurs de doigt, on passe tous les tours par dessus ces premiers en remontant, et l'on croise cet amarrage.

H.

HABITACLE. — Nous garnîmes *l'habitacle* de ses deux compas, des horloges et des verrines. Le feu de son *habitacle*, que nous appercevions de tems en tems, nous indiquait sa position.

HALE. — Il faut *hâler* sur les amarres de terre. *Hâle* la chaloupe le long du bord. Range à *hâler* sur l'aussière. *Hâle* sur les bras du vent.

HUNE. — Il faut monter dans la *hune*. Le hunier s'use en frappant l'avant de la *hune*. N'osant pas monter par les haubans de revers pour aller dans la *hune*, il passait par le trou du chat.

HORISON. — Nous apperçûmes une voile à l'*horison*, nous lui appuyâmes chasse. Un nuage épais s'élevait à l'*horison*; nous serrâmes les perroquets et prîmes le ris de chasse.

HORLOGE. — J'ai tourné l'*horloge*. Le quart était fini, le timonnier venait de frapper huit *horloges*.

HOURRA. — Ils nous envoyèrent leur bordée, en criant trois fois *hourra*.

HAMAC. — L'araignée de mon *hamac*, n'étant pas assez forte, cassa. J'étais obligé, tous les matins, de décrocher mon *hamac*, et de le jeter dans les branles. Tous les mois, on nous faisait laver nos *hamacs*.

HANCHE. — Il cherchait à nous aborder par la *hanche* de babord. Nous essuyâmes un si violent coup de mer par la *hanche* de tribord, que le gouvernail faillit en être démonté.

HUNIER. — Le grand *hunier* n'orientait pas bien ; il avait trop de chûte ; il nous fallut le désenverguer. Le petit *hunier* ne pouvait pas amener aisément ; il fallut en filer les écoutes. Si nos *huniers* avaient peu de chûte, ils avaient beaucoup d'envergure.

HIVERNAGE. — Nous étions à la Martinique ; mais comme nous devions charger à l'île St.-Pierre, et que cette rade est dangereuse pour la saison de *l'hivernage*, nous vinmes nous réfugier au Fort-Royal.

I.

ITAGUE. — Il s'imaginait qu'en plaçant les poulies d'*itague* en avant du mât, à bord de son lougre , ses basses voiles dépasseraient plus facilement ; je n'adopterais pas sa méthode. Ses *itagues* furent bientôt usées faute d'y avoir mis le garni nécessaire. Nous graissions nos *itagues* avec du savon ; elles en glissaient bien mieux qu'avec du suif.

H *

J.

JAS. — Notre ancre à jet avait son *jas* en fer. Un homme descendit sur le *jas* de l'ancre, pour crocher plus facilement le capon.

JETER. — Nous *jetâmes* le plomb pour nous assurer du fond. Nous avons *jeté* le lock plus de vingt fois pendant le quart, tant le vent a été variable.

JEU DE VOILES. — Notre voyage devant être de longue durée, nous embarquâmes deux *jeux de voiles*.

JOLI FRAIS. — La mer était belle, il ventait *joli frais* dans nos voiles.

JOURS DE PLANCHE. — Notre police de chargement portait dix *jours de planche*. Ses *jours de planche* sont expirés.

JUMELLES. — Notre grande vergue étant trop faible, nous la renforçâmes par une bonne *jumelle*.

L.

LOF. — Mets la barre sous le vent ; *lof* tout ! attention à gouverner ; *lof*, à la risée ! la barre est toute au *lof*.

LIGNE. — Pour avoir le fond , il nous

fallut filer une *ligne* de soixante brasses. La *ligne* de lock a été bien alongée auparavant que de la marquer. Le calme nous prit, et pendant ce tems, nos gens jettèrent leurs *lignes* pour tâcher de prendre un peu de poisson.

Lock. — Le *lock* était mal garni ; nous ne pouvions pas estimer notre route. Il nous fallut faire mettre un peu plus de plomb au bateau du *lock*, pour qu'il plongeàt assez dans la mer. Il jettait le *lock* toutes les demi-heures.

Largue. — Il courait grand *largue*. On dit aussi, *largue* les bras du vent, *largue* les drisses, *largue* les amarres.

Lusin. — Il était si proprement spalmé, que toutes ses estropes de poulies et autres garnitures légères, étaient faites avec du *lusin*. Allez chercher une manocque de *lusin*. Coupez un amarrage de *lusin*.

Leste. — Le navire était sur son *leste*. Nous mîmes notre *leste* à terre. Nous avions pour *leste* du fer en gueuses.

Large. — La brume épaisse nous empê-chait de voir la terre ; nous viràmes au *large*.

Nous tînmes le *large* toute la nuit. On dit aussi : Pousse au *large*.

LARDER. — Notre voie d'eau était si considérable, que nous fûmes dans la nécessité de *larder* une voile pour la boucher.

M.

MOCQUE. — Morceau de bois ouvré pour recevoir l'étai, et servir à assujettir les mâts.

MANŒUVRE. — En entrant dans le port, il fit une si mauvaise *manœuvre*, qu'il fut obligé d'échouer. On dit aussi : Pare *manœuvres*.

MANGÉ. — La nuit étant obscure, le convoi filait en bon ordre escorté par plusieurs vaisseaux de guerre ; mais ils ne pouvaient pas nous appercevoir : la côte étant très-élevée, nous étions *mangés* par la terre. La mer nous *mangeait*.

MARCHE. — Il avait une *marche* supérieure. Nous apperçûmes une voile au vent à nous, et dès que nous l'eûmes amenée par notre travers, nous nous mîmes sous sa même voilure, pour essayer sa *marche*. Pour cacher notre *marche*, nous mîmes toutes voiles dehors, et jettâmes quelques bailles à la traine.

MARIAGE. — On *maria* les deux bouts de la marguerite.

MASQUER. — Le vent changea tout-à-coup et *masqua* nos voiles.

MEMBRURE. — Sa construction était solide ; il avait une bonne *membrure*.

N.

NAVIRE. — Lorsque le matelot qui est en vigie apperçoit une voile, il l'annonce en criant, *navire* ! on dit aussi : Ce *navire* est fin voilier ; ce *navire* est vieux. Il monte un *navire* mauvais voilier. Ce *navire* a le fond plat, il peut sans inconvénient échouer sur le sable. Le *navire* était fin ; il n'était pas propre pour les ports de la Manche qui, en partie, assèchent à chaque marée.

NAGE. — Ramer dans une embarcation. *Nage* tribord. *Nage* babord. *Nage* ensemble. On dit aussi : Il sait bien donner la nage. Ils ne *nagent* pas d'accord.

O.

ORIENTE. — Quand, dans un lougre ou

dans un canot, on veut appareiller les voilés, on les *oriente* auparavant. Quand un navire est vent dessus, vent dedans, et qu'il veut faire servir, on se sert du mot *oriente*.

P.

PAVILLON. — Il hissa son *pavillon* yack, et l'assura par un coup de canon. Il vit un navire qui avait un *pavillon* en berne. Le capitaine étant mort, nous hissâmes le *pavillon* à mi-mât, et les vergues en sautoir étaient le signe de deuil de la perte de notre commandant. Il avait un *pavillon* parlementaire ; nous le laissâmes approcher.

PLAT. — Notre *plat* était composé de sept hommes et un mousse. On dit aussi : Ce navire a le fond *plat*. Il ne sait pas tenir son aviron à *plat*.

PORTE-VOIX. — Trompette marine, au moyen de laquelle on fait entendre une voix forte pour le commandement des manœuvres. Pour hêler un navire, on se sert du grand *porte-voix* ; et pour commander la manœuvre, on prend un petit *porte-voix* appellé *Braillard*.

PANNE. — La nuit vint ; nous mîmes en

panne en attendant le jour. Voyant qu'il voulait engager le combat, je mis le grand hunier sur le mât; ainsi en *panne* je l'attendis.

PENAU. — Faire *penau*, c'est préparer l'ancre au mouillage. Pour cet effet on largue la serre-bosse en douceur, puis on la largue toute.

PAUMOYER. — On *paumoye* un câble au moyen d'une chaloupe; on fait ordinairement cette opération pour le nettoyer de la vase et du limon qui s'incruste dans ses torons.

PIC. — Amène le *pic*. On dit aussi : L'ancre est-elle à *pic*? nous restâmes à *pic*.

PARTANCE. — Ses voiles sont en vergue; ce navire est en *partance*. Il a tiré le canon de *partance*.

PLAT-BORD. — Nous eûmes long-tems le *plat-bord* sous l'eau, tant la brise était forte. L'abordage que nous reçûmes mit notre *plat-bord* en dedans.

PLOMB-DE-SONDE. — Je fis mettre du suif au *plomb*, et en assez grande quantité, pour qu'il pût bien rapporter la qualité du fond. On dit aussi : Fais passer le *plomb* ; envoyez le *plomb*.

Q.

QUARANTAINE. — Ayant été visités en mer par un chebeck algérien, on nous mit à la *quarantaine*. On nous envoyait les provisions au bout de perches, et tous les papiers que nous voulions envoyer à terre étaient lacérés et injectés de vinaigre, tant la crainte que nous eussions apporté la peste avec nous était grande.

QUEUE-DE-RAT. — Nous avions tous les bouts de nos haubans garnis en *queue-de-rat*.

R.

ROULIS. — La mer dans le plus grand calme, notre vaisseau éprouvait un *roulis* si grand, que les bouts des basses vergues touchaient l'eau. Un violent *roulis* me jetta hors de ma cabane. Le *roulis* fatiguait beaucoup la mâture.

RUMBS. — *Rumbs* de la boussole distans l'un de l'autre de 11 dégrés 15 minutes.

RAGUER. — Le fond était semé de beaucoup de roches. Les câbles y furent *ragués*.

S.

SILLAGE. — Le navire faisait bon *sillage*. A en juger par le *sillage*, nous pouvions faire trois lieues à l'heure.

SOMBRER. — Il n'eut pas la prudence d'amener ses voiles hautes ; nous le vîmes *sombrer* sous nos yeux.

SANSIR. — Il a *sansi* sous ses ancres. Il a *sansi* sous voiles.

SUIF. — Nous donnâmes un *suif* au vaisseau. Il nous fallut donner le *suif* aux mâts de hune et aux itagues.

SIGNALER. — Nous *signalâmes* la terre et quelques voiles. Il *signala* une voie d'eau. Nous lui fîmes le *signal* de passer à poupe.

SAUVETAGE. — Un homme tomba à la mer, nous mîmes toutes les voiles sur le mât, et jettâmes la bouée de *sauvetage*. On dit aussi ; nous fîmes le *sauvetage* de certains débris et objets, que nous trouvâmes en mer.

SOUBARBE. — Attrappe à roidir la *soubarbe*. La *soubarbe* n'est pas garnie au frottement du câble.

SAINTE-BARBE. — Il faut descendre les poudres dans la *Sainte-barbe*. Il l'enfila par la *Sainte-barbe*.

SEC. — Tous les matins, lorsque le tems était beau, nous mettions les voiles au *sec*. La mer était si grosse et le vent si fort, que nous étions obligés de courir à *sec* de voiles.

SAVATTE. — Lorsque l'ancre de bossoir était traversée, on mettait sa *savatte*, pour garantir le côté du vaisseau.

T.

TALONNER. — Nous échouâmes sur un banc, et le vaisseau *talonnait* beaucoup par la levée de la lame.

TRIBORD. — On appelle *tribord* le côté droit d'un vaisseau. Nous l'abordâmes par *tribord*. Il courait *tribord* amures. La hanche de *tribord*. La barre à *tribord*! *tribord* tout! Mettez les embarcations à la mer par *tribord*.

TIMONNIER. — On dit: *Timonnier*, attention à gouverner. Mettez le *timonnier* de chasse. Mettez le *timonnier* de combat. *Timonnier*, attention aux signaux.

TANGAGE. — La mer était courte; le *tan-*

gage était sec. Un coup de *tangage* fit casser le petit mât d'hune.

TONNEAU. — Le *tonneau* de mer pèse 2,000 liv. Notre vaisseau jaugeait 300 *tonneaux*. On dit aussi : Embarque les *tonneaux* pour faire de l'eau.

TRINQUETTE. — Hisse la *trinquette*. Largue la drisse de la *trinquette*. Traverse la *trinquette* au vent. Hàle-bas la *trinquette*. Nous capeyàmes sous la *trinquette*.

TRAVERS. — Nous étions en *travers*. Nous prenions la mer par le *travers*. Le vent venait de *travers*.

TOURMENTIN. — Hisse le *tourmentin*. Traverse le *tourmentin*. Borde le *tourmentin*. Hàle-bas le *tourmentin*.

TANGON. — Nous poussàmes les *tangons* pour empêcher que les embarcations ne frappassent les côtés du vaisseau. On dit : Mettre la chaloupe au *tangon*.

V.

VOILES. — Il cingle sous toutes *voiles*. Nous nous tenions à petites *voiles*. Nous apperçumes plusieurs *voiles*. Nous risàmes nos *voiles*. Nous courions à sec de *voiles*.

VOILIÈRE. — La frégate que nous avions en vue était une fine *voilière*.

VIRER. — Pare-à-*virer* ? Il nous fallait *virer* à chaque instant. Il *virait* de bord. Nous *virâmes* notre ancre. *Vire* au cabestan.

VEILLE. — *Veille* au grain. *Veille* l'horloge. *Veille* aux cables. Quand on sonde, celui qui jette le plomb crie : *Veille*, *veille*! et ce cri se répète par le matelot qui tient la ligne de sonde, jusqu'à ce qu'il ait filé la longueur de ligne qu'il tient à la main, et lorsqu'il est au dernier pli, il élève la voix davantage, en répétant le mot *Veille*? au matelot le plus près de lui.

VIVE LE ROI ! — Cri d'allégresse à bord de tous nos vaisseaux. Lorsque deux vaisseaux de guerre se rencontrent en pleine mer, les équipages montent dans les haubans et sur les vergues, et au coup de sifflet, ils poussent trois fois le cri, *Vive le Roi* !

N O T E S.

(1) JE fis ma première campagne sous un capitaine, excellent marin, c'est-à-dire, qu'il était passablement brusque; mais comme il formait de bonne heure des sujets pour la marine, le choix de mes parens tomba sur lui pour qu'il fit de moi un marin, puisque tel était mon desir.

Je la commençai en novembre 1787 cette fameuse campagne; il fallait que cette vocation fût bien *ancrée* en moi, puisque je n'avais pas la patience d'attendre au printems; les coups de vent, la neige, la glace, qui engourdissaient mes membres délicats, lorsque je hâlais sur les cables, ne pouvaient réfroidir mon ardeur. Je voulais devenir homme de mer; je l'avais juré sur le tillac d'un très-joli brick nommé les *deux jeunes Louis*; je débutai sur l'empire de Neptune ayant pour uniques connaissances les quatre opérations de l'arithmétique et une écriture passable.

Enfin nous appareillons : me voilà sur la barre de Bayonne, un peu étourdi par le mouvement continuel du navire ; je m'accrochais çà et là pour ne point tomber sur le pont, et risquer de me trouver enlevé par la violence des vagues, car nous allions les ris dans les huniers. Notre destination était pour Rouen.

Par une sage précaution, le capitaine me fit amarrer entre les deux montans du mât de beaupré. Ainsi garottée, l'Océan arrosait de ses eaux amères la victime qui, d'abondance de cœur, payait son tribut à Neptune.

A l'abri sous la ralingue de la misaine, j'essayais un cours d'éloquence avec les flots de l'Océan. La nuit venait, et avec elle tous les rêves qui peuvent fortement remuer une tête douée d'une imagination ardente.

Les séduisantes métamorphoses d'Ovide, encore toutes fraîches dans ma mémoire, me montraient un Triton dans chaque marsouin, et la blonde Amphitrite mollement étendue sur le char de Neptune, à chaque vague enflammée qui, toute écumante, brillantait en se développant devant moi.

Le jour, tardif et nébuleux, arrivait aussi

à son tour ; il présentait à mes yeux fatigués
le tableau d'une immense plaine mouvante ;
mais la nuit avait pour moi tant de charmes,
que j'aurais desiré voguer dans une obscurité
continuelle ; et quoique dans les nuits d'hiver, je les voyais toujours s'approcher beaucoup moins vîte que je ne les desirais, pour
revoir mes belles Sirènes, et toutes les divi-
nités marines qui, tour-à-tour, me prodi-
guaient leurs humides caresses et leurs bai-
sers écumeux.

Dans cette situation, il me fallut peu de
jours pour être, ce que l'on appelle, *amariné*; et autant qu'il est nécessaire de l'être
pour commencer à me rendre utile, en faisant la soupe du capitaine.

J'avais, depuis peu, quitté les bureaux du
négociant Formalaguez. On peut juger de la
différence de ma situation. De tems en tems
mes regards inquiets cherchaient le toit pa-
ternel : il est bien au sud sud-ouest, me di-
sais-je, et mon cœur ne pouvait se défendre
d'une légère oppression. Un bout de corde
venait me chatouiller l'omoplatte , chassait
de mon esprit toute idée contemplative : il
me fallut apprendre que cette même corde

était *l'écoute du grand foc*. Toutes les autres manœuvres me furent tour-à-tour ainsi désignées, avant d'arriver à ma mémoire. Bon gré, mal gré, je fis des progrès assez rapides.

Cette campagne dura plus d'un an. On ne devrait pas mettre en doute qu'elle n'eût dû me paraître longue ; eh bien ! il en fut tout autrement ; il me semblait que je venais de la commencer, tant il est vrai que l'on s'habitue à tout.

(2) Durant l'hiver de 1789, j'entrepris ma deuxième campagne. J'embarquai à Bordeaux sur un navire en destination pour les mers de Chine ; mais cet hiver fut si rude, que plusieurs navires, qui se trouvaient en rivière, furent emportés par les glaces ; le nôtre fut de ce nombre, et se brisa au bas de la rivière. Je faisais mon premier naufrage à l'âge de 16 ans, et à cet âge un naufrage est toujours une partie de plaisir.

Je me rembarquai sur un autre navire, nommé la *Comtesse d'Agoult*. Il était destiné pour Ste-Lucie, la Martinique et Saint-Marc, isle St.-Domingue. Ce voyage des Colonies m'était fort agréable. Il allait présenter à ma vue des objets extraordinaires et nouveaux pour moi.

Pendant le peu de tems que je passai à la Martinique, tous les dimanches je descendais à terre, et mon plus grand empressement était de visiter la cabane du nègre hospitalier; je fumais la cigarre sur sa natte, je buvais la limonade qu'il me présentait dans une calebasse, je mangeais de ses bananes, et ensuite il me donnait, avec sa négresse, une leçon de *Chica* (c'est une danse du pays). En m'en allant je leur donnais un biscuit, et ils comblaient de caresses le jeune blanc qui était venu boire, manger et partager avec eux les plaisirs simples de l'homme de la nature.

Sortant de chez eux, j'allais courir dans les savannes, les marais de bambous, et respirer ensuite le doux parfum des orangers et des citronniers. Mais comme il n'est pas de plaisirs sans peines, je revenais à bord ayant le visage et les mains enflés par l'aiguillon des moustiques.

Nous fûmes à St.–Marc, et restâmes près de six mois sur cette rade ouverte aux vents du large. La tenue y est assez bonne; mais il s'y fait sentir de fréquens orages.

I

Pendant le tems que nous y avons demeuré, j'en ai vu un tellement violent, que plusieurs navires qui, heureusement, se trouvaient avoir les voiles en vergue, furent obligés de filer leurs cables par le bout, et gagner au large. Ce même jour le tonnerre se faisait entendre avec beaucoup de fracas, et le bruit qui en était repercuté par le creux des rochers qui bordent les deux côtés de la rade, en devenait plus effrayant.

Nous ne pensions pas pouvoir être atteints par la foudre, parce que notre vaisseau, étant en partie dégréé, se trouvait n'avoir que ses bas mâts debout; que d'ordinaire elle frappe sur les objets élevés. Or il y avait, à une portée de fusil de nous, un navire de Nantes sur son départ, et ayant son paratonnerre en place. La foudre éclate enfin, mais c'est sur notre grand mât; elle s'introduit sous le chouquet, pénètre le cœur du mât jusqu'à l'entrepont; arrivée à ce point, elle sort, perce un des barrots du pont, et va tomber sur un brick qui était mouillé bien au-delà du navire Nantais.

Nous sondâmes notre grand mât avec une vrille, et à moins de cinq pouces elle trouva des cendres ; l'intérieur du mât était entièrement consumé.

Qui avait donc pu obliger la foudre à sortir par le côté du mât, et à s'ouvrir une issue qui ne lui était pas naturelle ? Ne devait-elle pas, au contraire, étant dans toute sa vélocité, continuer à descendre à l'autre extrémité du mât ? Physiciens, voilà un problème !

(3) La frégate la Médée était une très-bonne voilière. J'ai différentes fois observé, lorsque j'étais à son gouvernail, que, dans un vent arrière assez fort, je pouvais rester plusieurs minutes sans avoir besoin d'en toucher la roue ; et pendant les deux horloges de ma barre, il m'arrivait souvent de n'avoir eu à tourner que deux cabillots.

(4) Je fis une campagne, en qualité de novice, sur le sloop *le Hasard*, capitaine Genton.

Le navire venait d'être radoubé, et pourtant nous ne fûmes pas plutôt au bas de l'Adour, qu'il faisait eau de toutes parts. Nous échouâmes sur un banc près Saint-Bernard, afin de recourir les coutures. La voie d'eau étant bouchée à la marée suivante, nous mîmes en mer.

Le lendemain de notre sortie du port, on sonda les pompes ; nous trouvâmes dix-huit pouces d'eau. Nous nous mîmes tous à pomper ; il était alors huit heures du matin, et à minuit, nous avions encore la même quantité d'eau.

Par surcroît d'inquiétude (un malheur n'arrive jamais seul), un coup de brimbale donné trop sec, fit casser le croc de l'appareil. On le retira promptement pour en mettre un autre ; mais, lorsque le capitaine en demanda un de rechange, son second frappa du pied, se mordit les doigts, et répondit qu'il les avait oubliés à terre.

Nous n'étions pas dans une situation tranquille ; l'eau nous gagnait sensiblement ; la sonde nous en marquait déjà deux pieds ; il n'était pas amusant de se voir noyer par le beau tems qu'il faisait ; en conséquence nous réorientâmes notre unique appareil, qu'un homme était obligé de tenir à la main.

L'équipage était composé de cinq hommes, capitaine et mousse compris. Heureusement

le vent nous poussait joli frais vers notre destination.

Le troisième jour, nous avions trois pieds
d'eau dans la cale ; notre situation nous allar-
mait : mais enfin la Providence vint à notre
secours.

Nous ne fûmes pas plutôt entrés en rivière que, par le travers de Paimbœuf, où nous
nous proposions d'échouer, notre voie d'eau
se boucha. Cette circonstance fut sans doute
occasionnée par l'effet du limon épais que
les eaux de la Loire portent avec elles.

Nous radoubâmes à Nantes, et y prîmes
leste pour St.-Pierre, île d'Oléron, où nous
devions prendre chargement de sel : je passe
au principal objet de cette Note.

Le capitaine Jean Genton n'avait pas des
notions bien saines sur la *pesanteur*. Il s'a-
visa de vouloir charger de sel à barroter, et
s'imagina que, sans inconvénient, il pouvait
le tasser comme dans une cave ; il me confia ce
soin. Moi, novice par mon grade, et pour la
chose, je ne pensais guères qu'à fouler mon sel,
sans aucunement m'embarrasser du résultat ;
et je crois même que, pour mieux seconder
les intentions spéculatives du capitaine, j'eusse

fait usage d'un cric à double noix, s'il en eût existé un à bord, et que mes forces m'eussent permis de le faire jouer.

Nous étions échoués sur la vase ; notre chargement se trouva opéré avant les vives eaux. Le navire était chargé raz des écoutilles ; il ne nous fallait plus que de l'eau sous la quille pour mettre en mer, tous nos préparatifs de départ étant faits.

Mais, ô douleur ! la marée montante menaçait déjà de déborder le plat-bord, et nous ne flottions pas encore. Le capitaine était presque tenté de croire que la quille du sloop *le Hasard* avait pris racine (c'eût été-là un étrange hasard.) Il nous fallut, par précaution, débarquer nos effets, et décharger le sel que nous avions chargé en trop.

(5) Pendant une campagne que je fis sur un navire américain où je servais en qualité de lieutenant, il arriva que, dans la seule traversée de Dunkerque à Lisbonne, le grand foc se déralingua deux fois. Le point d'écoute étant trop bas, cette voile battait continuellement, lorsqu'elle était bordée pour le plus près du vent, et souvent dans la nuit, l'obs-

curité nous empêchant de distinguer la direction du penon et celle de la girouette, le
timonnier croyait être trop près du vent lorsque ce foc battait ; il arrivait alors, qu'au
lieu de faire sa route au plus près du vent,
ainsi qu'il aurait dû le faire, il se trouvait ne
faire que le largue.

On remédia à cet inconvénient, mais un
peu tard.

Dans beaucoup d'autres navires, j'avais
apperçu le même défaut dans cette voile.

(6) Durant un voyage que je fis à Marseille, où nous prîmes charge pour Amster-
dam, nous avions à bord, pour second capitaine, un homme dur et brutal au premier
degré ; mais c'était un **excellent marin**, je lui
dois ici ce témoignage.

Son amusement favori était de tourmenter
les novices, et j'avais l'avantage d'être dans
ses bonnes graces, au moins à ce qu'il me
disait : voici comment il m'en donnait la
preuve.

Lorsque mon quart était fini, et qu'à peine
j'étais descendu me jetter dans mon hamac,
il m'appellait aussi-tôt, me faisait monter

sur les vergues pour pousser les boute hors, et passer les drisses de bonnettes, lorsque le vent était assez favorable. Ce travail achevé, je regagnais comme un furet mon modeste hamac, afin d'y goûter le repos qui m'était nécessaire ; mais à peine étais-je assoupi et réchauffé, qu'il s'écriait : *Passe au lock.* Ces paroles foudroyantes faisaient alors à mon cœur la même impression que j'éprouvai depuis sur un vaisseau, quand, pour la première fois, j'entendis ordonner le branle-bas de combat. Il me fallait remonter, à moitié endormi, pour hâler ce maudit lock. Plus le vent avait de violence, plus il se plaisait à forcer la cheville, et au lieu de faire virer le quart, il se servait de la demi-minute.

On conçoit assez la difficulté qu'on éprouve à hâler un lock, quand on ne peut parvenir à le démâter ; et si, après mainte secousse, j'étais assez heureux pour en venir à bout, il le rejettait de nouveau, et cette fois-ci il serrait davantage la cheville. J'en avais pour mes deux heures à hâler, et mes mains se trouvaient coupées par la finesse et la roideur de cette petite ligne. Enfin le timonnier frappait ses quatre doubles horloges, son quart finissait, le mien allait commencer, et selon l'usage, on me faisait prendre le gouvernail, en attendant que le matelot de barre fut monté.

Dans le port de Marseille, où les chaleurs de l'été sont accablantes, il me faisait guinder aux étais pour y donner un goudron ; et pendant que l'ardeur du soleil mettait pour ainsi dire en ébullition cette matière entre mes doigts, il se berçait dans son hamac tendu sous la tente, il chantait à pleine tête, et moi, j'accompagnais sa voix rauque par les plus sincères imprécations ; il me semblait qu'elles soulageaient mon mal. En attendant, je cuisais au soleil, et les matelots, étendus sur l'écoutille, jouaient au pandoure, à l'ombre de la tente.

Fallait-il noircir les vergues, cette corvée m'était encore réservée ; et il m'obligeait de commencer au milieu, allant vers leurs extrémités ; cela me mettait dans le cas de remonter par la balancine, pour ménager mes vêtemens. Heureux encore, lorsque sa belle humeur ne le portait pas à faire donner à cette même balancine, un pied ou deux de mou, comme cela lui arrivait quelquefois.

I *

Il y a près de vingt-cinq ans que j'ai noté cette campagne sur mes tablettes : Monsieur Valence, j'ai l'honneur de vous annoncer que je m'en rappelle comme de ma journée d'hier.

(7) Durant une croisière, je pris le commandement d'un petit cutter anglais, que nous avions capturé aux attérages de la Norwège. Je dirigeais ma route sur Flessingue ; pendant la nuit, nous apperçûmes, dans nos eaux, une voile de guerre, qui paraissait nous appuyer une chasse sérieuse. Nous cinglions vent arrière, toutes voiles hors ; mais je n'espérais échapper à l'ennemi, que par un coup de tête et la manœuvre hardie, que ma situation me suggéra.

La brise soufflait bon frais. Je sentais bien que le vent arrière n'était pas la route la plus favorable à ma marche ; l'ennemi, se trouvant arrière, avait le vent sur moi ; je me décidai à le lui prendre, au risque de me faire un peu mitrailler.

Sur six hommes que nous étions à bord, il y en avait trois de l'équipage anglais ; je les enfermai dans la chambre. Ils pouvaient y boire du rhum à discrétion.

Je craignais bien de manquer ma manœuvre, faute de monde. Fort heureusement que, dans de pareilles circonstances, le courage triple les forces de l'homme. Je m'emparai du gouvernail, et je fis la manœuvre suivante.

Je fis parer à mouiller l'ancre, avec une bonne longueur de câble. L'ennemi était presque sur moi, courant ses bonnettes hautes. Il m'avait déjà envoyé deux boulets ; le voyant assez près de moi, et un peu par la hanche de babord, je fis amener le vent arrière et carguer le hunier : amenant aussi mon foc et le pic de la grande voile, j'envoyai l'ancre au fond en continuant de courir sur le câble quelques instans. L'ennemi se trouvait par mon travers de babord, avant d'avoir pu rentrer ni amener ses bonnettes. Il m'avait déjà un peu dépassé, me croyant amené.

Dans ce moment je poussai vivement la barre du gouvernail à babord ; mon Cutter vint alors debout au vent, et il s'y trouvait appellé naturellement par la longueur du cable que j'avais filé. Hisser le foc, le pic, saisir la bomme au couronnement, n'ayant pas eu le tems d'abraquer la grande écoute, tout cela fut l'affaire d'un clin-d'œil. Le Cutter prend de l'erre, je coupai le cable en pinçant le vent de mon mieux les amures à tribord. Le brick chasseur m'envoya sa volée ; il en fut pour sa poudre et ses boulets. Il continua de me chasser, mais j'avais le vent sur lui. Dans la nuit je fis fausse route, et le sur-lendemain j'arrivai à Flessingue.

(8) En mai 1795, nous croisions à l'ouverture de la Mer Baltique, j'étais second capitaine sur un lougre, armé seulement de quatre canons du calibre de 4, et trente-deux hommes d'équipage. Nous fûmes apperçus par le Cutter anglais *Cobourg*, monté de 14 canons et 50 hommes, qui nous appuya chasse ; nous la prîmes devant lui essayant un peu sa marche ; mais nous n'avions pas plutôt la grande voile dehors, que nous le laissions bien loin derrière nous. Il tirait de tems en tems des coups de canon, sans doute pour avertir ses autres croiseurs.

Nous l'avions déjà perdu de vue, au point de n'appercevoir plus son bois, lorsque la vigie nous annonça deux voiles de l'avant à nous, l'une à tribord, l'autre à babord ; elles se dirigeaient sur nous. Nous ne tardâmes pas à les reconnaître pour bâtimens de guerre. Celui du vent était le brick *Seagoll* qui, dès qu'il se vit à portée, revira un peu largue, et commença à nous canonner.

La voile apperçue sous le vent était le sloop of war *Nautilus*, et dès que cette corvette se vit par le travers de notre grand mât, elle revira prenant les mêmes amures que nous. Le Cutter forçait de voiles à notre arrière. Nous tenions toujours le plus près du vent.

Nous avions bien la côte du *Jutland* à environ 6 lieues sous le vent à nous ; mais la frégate *Nautilus* nous en défendait l'approche.

Nous commencions à trouver la mer assez grosse ; on descendit les canons dans la cale, et on mit en usage tous les moyens qui pouvaient augmenter la marche de notre corsaire.

Mais la mitraille que le brick nous envoyait, atteignait déjà nos voiles, et perçait l'embarcation que nous avions sur le pont ; notre petit mât de hune en fut cassé, et cette voile, en tombant, gênant trop la misaine, nous la jettâmes à la mer ainsi que son mât.

Le moment était critique. Point d'autre

manœuvre à faire que celle d'arriver au grand largue, et tâcher de doubler le beaupré du *Nautilus*. Nous l'essayâmes ; mais le brick redoubla son feu ; il cherchait cependant à ne pas trop nous avarier.

Dès que la corvette s'apperçut de notre dessein, elle imita notre manœuvre, et un boulet, qu'elle nous envoya de ses canons de gaillard, était l'ordre de nous rendre, et nous comprenions parfaitement cette invitation marine. Le brick était presque sur nous ; nous allions nous trouver entre deux feux. Nous pensâmes qu'il était prudent d'amener. Nous larguâmes les drisses, ne conservant que le tapecul et le foc ; nous fûmes nous ranger sous la volée du *Nautilus*, où nous amenâmes notre pavillon, après huit heures de chasse.

Malgré leur fierté naturelle, les anglais nous traitèrent avec assez de douceur ; mais ils prétendaient que leur capture, équipage compris, ne valait pas les coups de canon que nous leur avions coûté.

Ils nous débarquèrent au port de Christiansand en Norvège, et nous mirent à la disposition du Consul français.

(9) Beaucoup de navires venant du large ,
touchent et souvent périssent sur ce banc.

En l'an 3 j'étais embarqué , en qualité
d'aspirant, sur la corvette française *la Naya-
de* , capitaine Léonard. Nous nous trouvions
sur cette rade à notre mouillage ordinaire.

Un matin , au point du jour , nous apperçûmes sur le brack , qui commençait à assé-
cher , la carcasse d'un navire qui y avait fait
naufrage pendant la nuit.

L'humanité , qui porte toujours l'homme
à secourir son semblable en péril , me fit demander d'aller porter du secours aux mal-
heureux naufragés. Huit hommes sautent
dans la chaloupe, et nous nous dirigeons , à
force de rames , vers le navire démàté , et
qui fatiguait beaucoup sous l'effet des lames
qui le couvraient. La mer , en deça du banc,
était couverte de ses débris.

Nous commencions déjà à trouver la grosse
mer, et nous n'appercevions aucun homme
de l'équipage ; nous supposions qu'ils avaient
péri : nous essayâmes d'approcher davantage,
malgré les vagues très-élevées que la mer dé-
roulait sur nous. Il nous fallait bien avoir la
précaution de présenter l'avant de notre es-

quif debout à la lame, ce qui n'empêchait pas que nous recevions quelquefois une assez grande quantité d'eau.

Nous ne pûmes sauver que quelques coffres et autres objets flottans, et je commençais presque à me repentir de m'être ainsi aventuré ; mais enfin profitant d'une embellie, je revirai, et nous prîmes la lame par notre arrière , assez peu satisfaits de notre expédition.

L'équipage de ce navire avait été recueilli pendant la nuit par un bateau pêcheur ; nous n'eûmes d'autre mérite que celui d'avoir sauvé leurs effets , qui leur furent rendus.

OBSERVATION.

A quelques petites différences près , les navires de semblable espèce dont je parle dans le cours de cet Ouvrage, sont gréés de la même manière ; mais il arrive quelquefois qu'un nouveau chef, sur son bord, apporte des dispositions nouvelles dans certaine partie des agrès. Cependant, malgré le changement apporté à la chose , l'effet reste le même.

FIN.

TABLE
DES MATIÈRES.

Fin de la Table.

E R R A T A.

Page 78, ligne 16, négligés, *Vergue du petit Hunier*, 5, et les trois lignes qui suivent, lisez-les après les trois premières lignes de la **page 79.**

De l'Imprimerie de DEHANSY, rue St.-Paul.

LIVRES DE MARINE

Qui se trouvent chez BACHELIER, Libraire, quai des Augustins, n°. 55.

Art de la Marine, en forme de dictionnaire, faisant partie de l'Encyclopédie, par ordre de matières. Six parties in-4. et atlas de 174 pl.   72 fr.   c.

Audibert-Ramatuelle. Cours élémentaire de Tactique navale. 1 vol. in-4. avec 68 pl.   3o

Bernouilli (D.), Euler, et Mathon de la Cour. Recherches sur la manière la plus avantageuse de suppléer à l'Action du Vent sur les grands Vaisseaux, soit en y appliquant les Rames, soit en y employant quelqu'autre moyen que ce puisse être ; fondées sur une nouvelle Théorie des Forces et des Effets. In-4.   7   5o

-- Principes Hydrostatiques et Mécaniques, ou Mémoires sur la manière de diminuer le Roulis et le Tangage d'un Navire, sans qu'il perde sensiblement, par cette diminution, aucunes des bonnes qualités que sa construction doit lui donner ; suivis de deux Mémoires sur le même sujet ; le premier intitulé : Examen des Efforts qu'ont à soutenir toutes les parties d'un vaisseau, dans le Roulis et le Tangage, ou Recherches sur la diminution de ces Mouvemens, par *L. Euler* ; le deuxième intitulé : Mémoire sur le Roulis et le Tangage d'un vaisseau, par *Groignard.* In-4.   9

Bouguer. Traité du Navire, de sa Construction et de ses Mouvemens In-4. rel.   15

-- De la Manœuvre des Vaisseaux, ou Traité de Mécan. et de Dynam., in-4. rel.   15

-- Nouveau Traité de Navigation, contenant la Prat. et la Théorie du Pilotage, in-4.   15

Bourdet de Villehuet, le Manœuvrier, in-8.   6

-- Manuel des Marins, in-8.   6

-- Bossut, J. A. Euler et Groignard. Traité de l'Arrimage des Vaisseaux, in-4. avec pl.   1o

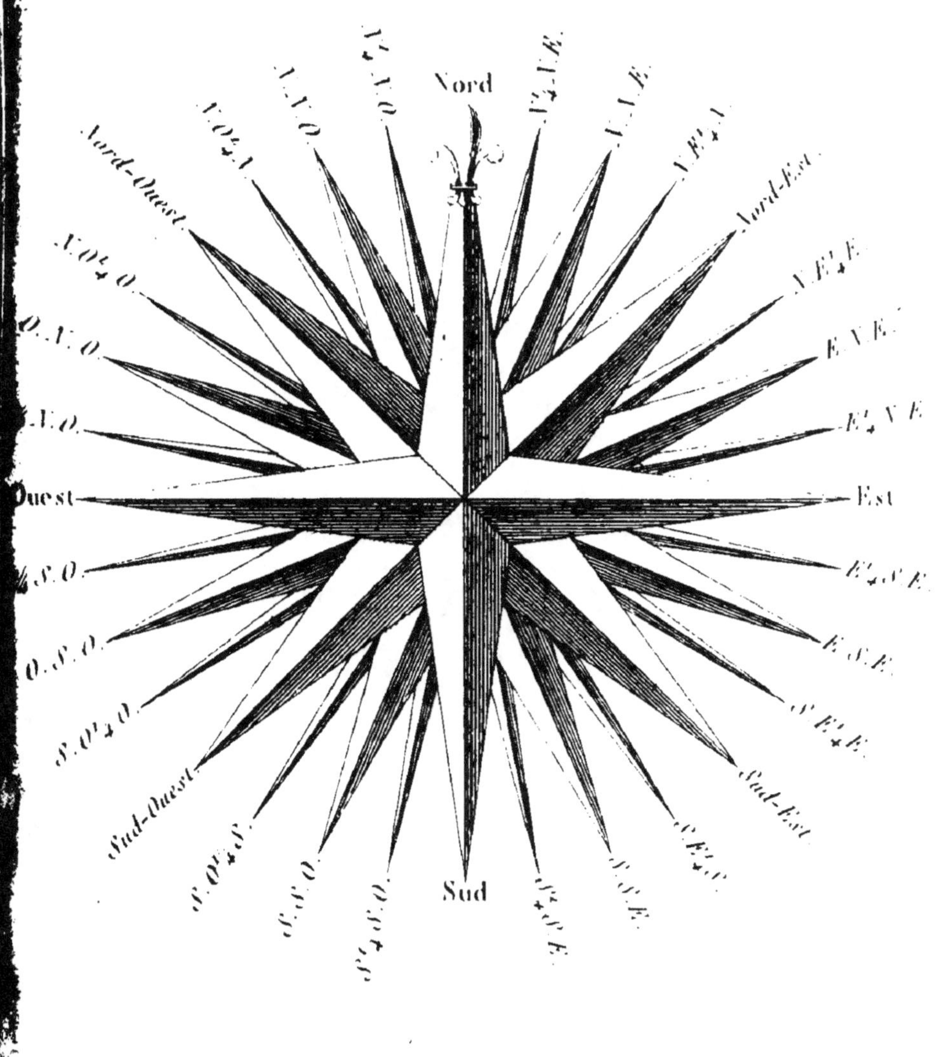

Boussole ou Compas de Mer.

Arrière d'un Navire à trois mats vu avec ses voiles latines.

*Avant d'un Navire carré ou avec ses voiles latines
ayant les focs et la contre voile d'Etai bordés au vent.*

Adam Sculp   Noguès del

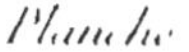

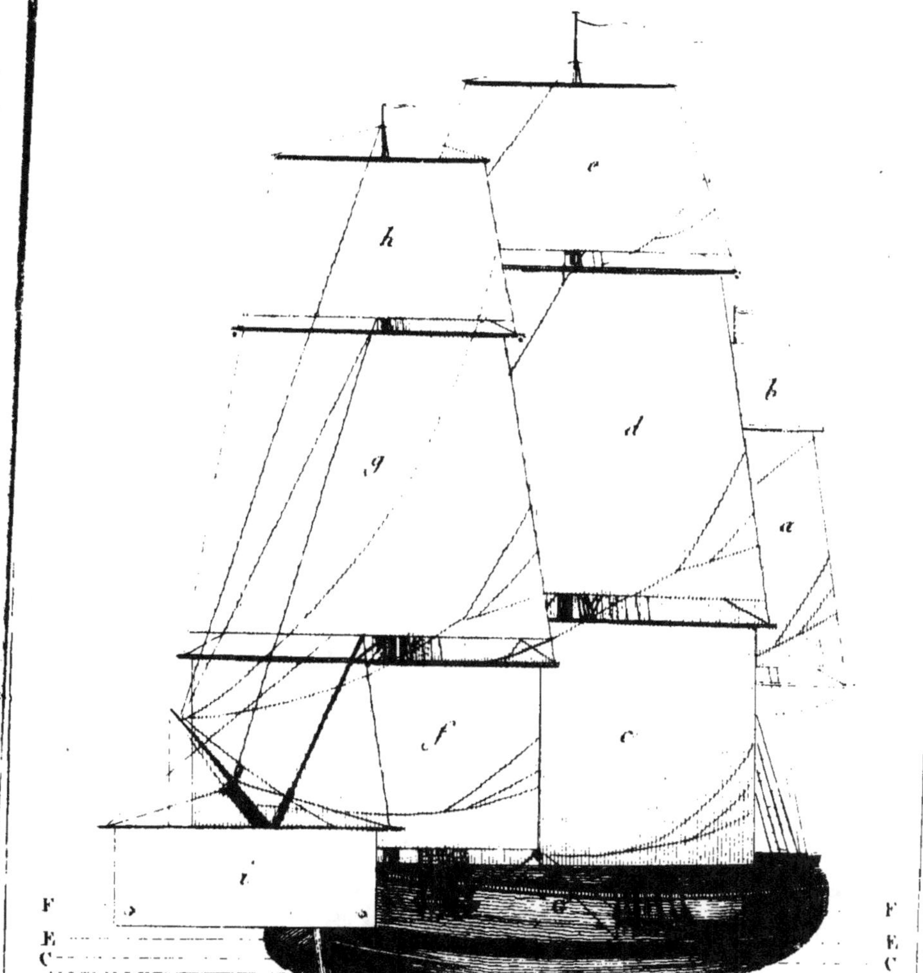

Navire a trois Mats avec toutes ses voiles carrées dehors vu basbord sous le vent.

Adam Sculp. Noguès del

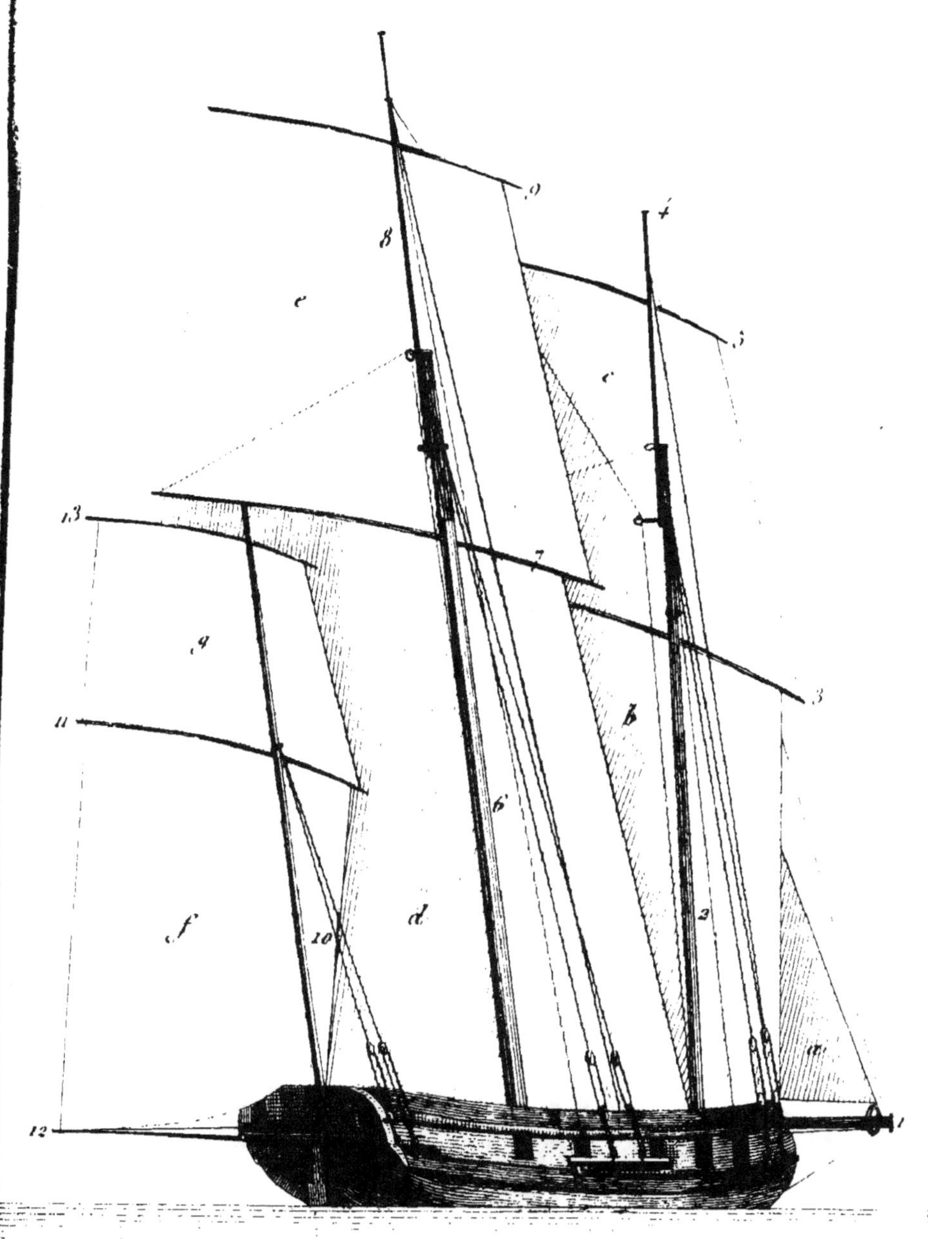

Lougre au plus près du vent tribord amures.

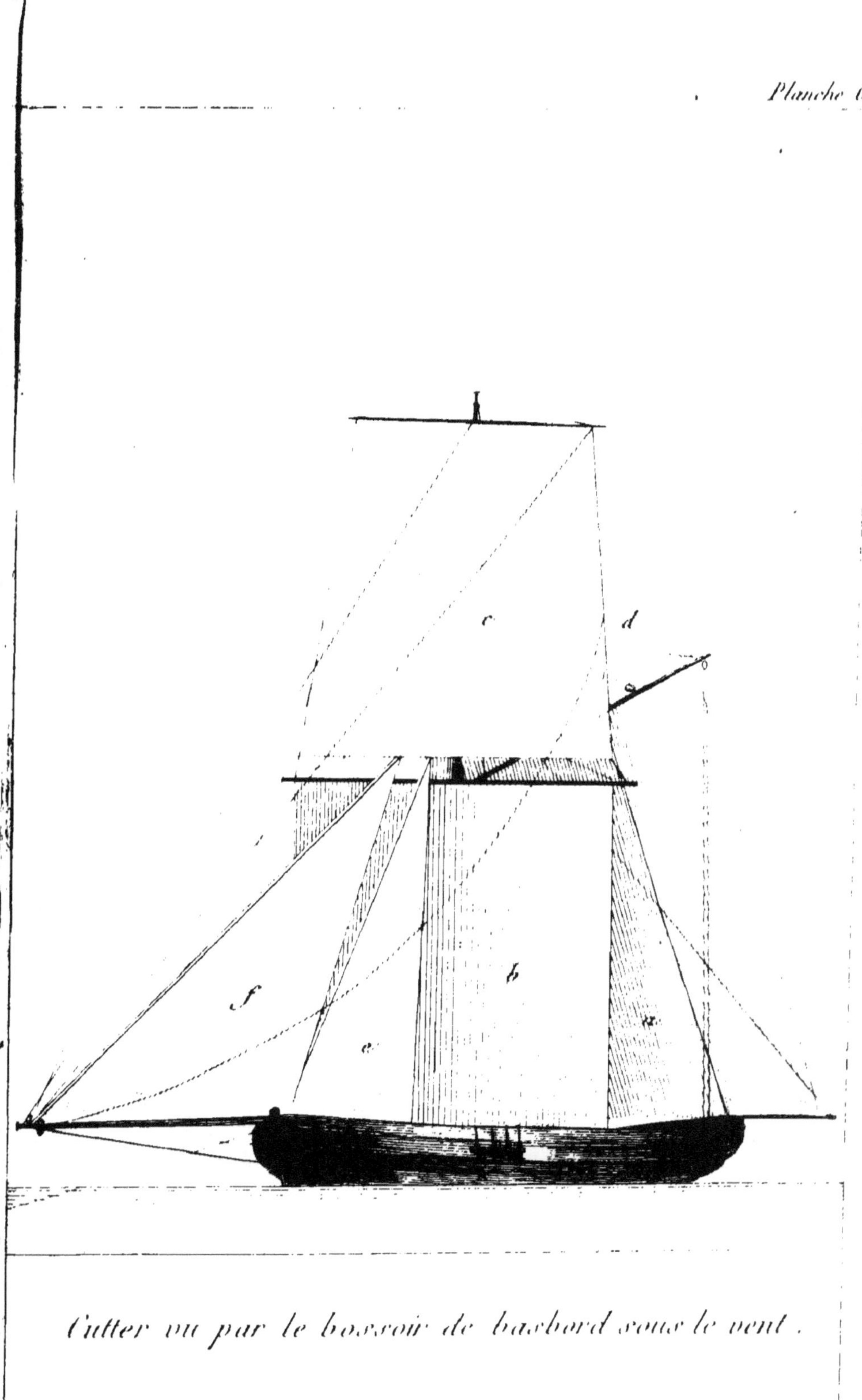

Cutter vu par le bossoir de basbord sous le vent.

Brick de Guerre courant vent arrière.

Navire à trois mats au mouillage
ayant les mats de hune calés.